끌리는 도형이
인생의 답이다

끌리는 도형이 인생의 답이다

초판 1쇄 인쇄 2017년 7월 15일
초판 1쇄 발행 2017년 7월 20일

지 은 이 권미선
발 행 인 인창수
펴 낸 곳 태인문화사
디 자 인 이든디자인

신고번호 제 10-962호(1994년 4월 12일)
주   소 서울시 마포구 독막로 28길 34
전   화 02) 704-5736
팩   스 02) 324-5736
메   일 taeinbooks@naver.com

이 도서의 국립중앙도서관 출판예정도서목록(CIP)은 서지정보유통지원시스템 홈페이지(http://seoji.nl.go.kr)와
국가자료공동목록시스템(http://www.nl.go.kr/kolisnet)에서 이용하실 수 있습니다.(CIP제어번호:CIP 2017014954)

*이 책은 한국출판문화산업진흥원의 출판콘텐츠 창작자금을 지원받아 제작되었습니다.

나의 삶을 최적화시키는 **도형심리 수업**

끌리는
도형이
인생의
답이다

권미선 지음

태인문화사

나와 타인 사이의 보이지 않는
마음의 거리를 좁히는 방법

나와 타인 사이에는 늘 강줄기 하나가 흐른다.

강 건너 그 사람에게 가기 위해서 '공감'이라는 배를 타고 '이해'라는 노를 젓는다.

멈추지 않는다면 이윽고 나와 타인 사이의 마음의 거리는 흔적 없이 사라질 것이다.

"모두가 내 마음 같지 않네요."

"내 마음을 그렇게 몰라줍니다."

"의도는 그것이 아니었는데 오해를(…)"

상담을 하다 보면 자주 듣는 말이다. 상대가 내 마음과 다르면 잘해주면서 상처받고, 몰라주면 화내면서 상처받고, 본래 마음은 그것이 아닌데 호의로 했던 말과 행동이 오해를 일으켜 상처받는다. 이처럼 사람에게 상처받는 건 대부분 내 마음과 상대 마음이 다르기 때문이다.

그렇다면 거꾸로 모두가 내 마음 같다면 어떠할까?

서로가 서로에게 배울 것도 없으며 칭찬할 일도, 발전할 일도, 경쟁할 일도 없다. 지루한 세상이다. 다양한 마음이 모여 있는 세상이 더 활력 있고 역동적이며, 더 발전하면서 더 사랑할 수 있다고 말하고 싶다.

하루에도 몇 번씩 변덕을 부리는 마음 때문에 힘들지만, 상처에도 불구하고 형형색색의 마음이 있어 우리는 성장한다. 서로 마음을 알기 위해 여러 가지 노력을 아끼지 않기 때문이다.

"자신보다 현명한 사람의 도움을 받을 줄 알았던 사람이 여기 잠들다."

미국 강철 왕 앤드류 카네기의 묘비명이다. 자신보다 현명한 사람이 주는 도움이 금전일 수도 있고 지혜일 수도 있으며, 삶에 위로가 될 수도 있다. 우리는 자신은 물론 상대의 마음과 행동의 원인을 알기 위해 성격분석 테스트를 하거나 심리학책을 읽으며 도움을 받는다.

하지만 마음과 행동을 연구하고 분석하는 일은 아주 객관적이고 과학적인 작업이다. 그렇다 보니 오랜 임상경험으로 쓰인 심리학 전공서는 일반인들이 읽기에 어려운 게 사실이다. 바쁜 현대인들은 늘 시간에 쫓긴다. 이러한 이유로 그들은 전공서에 비하면 전문성이 떨어지지만 재미있고 흥미를 겸한 읽기 편한 심리학책을 많이 찾고 있는 것이다. 이미 서점에도 수백 권이 존재한다. 대중적인 심리학책을 읽은 지인들은 이구동성 이렇게 아쉬움을 토로한다.

"눈에 보이지도 않으며 먼 나라 이야기 같다."

이 책은 이런 아쉬운 갈증을 조금이나마 해결해주고 싶은 마음에서 출발했다. 이 책 역시 모든 궁금증을 해결해주지는 못할 것이다. 다만 읽는 사람에게 쉬우면서도 실용적인 부분을 채워주고자 하는 마음에서 원고를 썼다. 원고를 다시 읽어보니 부끄러운 마음도 많이 든다. 그렇지만 도형을 통해 자신의 마음을 알고 상대의 마음을 알아가는 데 일조할 수 있기를 바란다.

상대의 마음을 알기 위해선 먼저 내 마음을 정확히 볼 수 있어야 한다. 이 책에는 도형을 통해 자신의 마음을 보는 방법부터 제시했다. 나에게 맞는 도형을 찾고, 나와 맞는 도형을 이야기 했다. 또한 적을 만들지 않고 타인과 잘 지낼 수 있도록 관계의 기술까지 적었다. 인간관계에서 100명의 아군보다 1명의 적군이 더 신경 쓰이는 법이다. 나를 알고 타인을 이해하는 방법을 배워보라.

전문적인 도형심리학보다 많은 사람이 도형에 대해 알아가길 희망하는 마음으로 집필했다는 점을 미리 밝힌다. 가벼운 호흡으로 그러나 진지하게 읽어보길 권한다. 도형이 그려지는 패턴이나 모양, 크기로 타고난 성향이나 성격, 내면의 심리 등을 어떻게 해석하는지는 별도의 전문적인 교육이 필요하다. 모든 걸 책 한 권으로 설명하기에는 부족하다. 누구나 쉽고 편하게 읽고 곧바로 응용할 수 있는 범위 내에서 도형을 재미있고 흥미롭게 풀어냈다. 나 역시 이 책을 쓰며 많이 성장했고 즐거웠다.

　도형을 통해서 나는 물론 상대방을 알아가고 함께 마음을 나누며 해결책을 제시해주는 이 일을 사랑한다. 도형 안에는 사람이 있기 때문이다. 사회 곳곳에서 사람이 아닌 것들이 주인공이 되는 세상이다. 도형을 통해 사람이 중심이 되는 세상을 꿈꾼다. 그 시작을 이 책과 함께하는 욕심을 부려본다.

　끝으로 원고를 보고 흔쾌히 출간을 허락해주신 태인문화사 임직원분들과 옆에서 동기부여와 지지를 보내주신 중부대학교 송명호 교수님, 집필 작업에 용기와 격려를 해주신 위드원교육연구소 윤석일 대표님과 관계 형성의 새로운 패러다임을 생각하게 해준 좋은놀이문화연구소 이재걸 교수님께도 지면을 빌려 감사함을 전한다.

조용히 바람이 창을 스치는 새벽에

권미선

CONTENTS

다음 네 개의 도형 중에
당신은 어떤 도형이 가장 마음에 드는가?

○ △ □ S

이제
가장 마음에 드는 도형으로부터
당신의 이야기는 시작된다

세상에서 가장 어려운 일은
사람이 사람의 마음을 얻는 일이란다
_어린왕자 중에서

CHAPTER 1

끌리는 도형
그 안에
당신이 있다

○△□S

현대인.
나는 나를 잘 모른다.

●
▲
S

"당신은 빈틈이 없는 것 같아요. 너무 완벽하려고 하는 것 같아요. 그러면 남들이 들어갈 틈이 없어요. 목적에 있어서도 집념이 너무 강해 집착처럼 보일 때가 있어요."

몇 년 전 모임에서 한 해를 마감하는 의미로 식사를 마치고 이런 저런 이야기를 나누었다. 모임 대표가 허심탄회하게 다른 사람의 장점과 단점을 이야기하자고 제안했다. 나를 포함해 모두들 승낙했다.

내 차례가 되었다. 심장이 두근거렸다. 대부분 평의한 장·단점을 이야기 해주었지만 누군가 '빈틈도 없고, 완벽하고, 집착도 강하다'라는 단점을 말했다. 앞에선 표현할 수 없었지만 충격

끌리는 도형 그 안에 당신이 있다

은 실로 컸다. 남을 객관적인 눈으로 보고 그것을 풀어내는 상담사를 하는 내가 나를 잘 몰랐기 때문이다. 내 표정이 변하자 나를 객관적으로 봤던 지인은 수습하려는 듯 말을 이었다.

"한 가지에 너무 몰입을 해서 나는 당신이 완벽주의자가 아닌가 생각했어요. 사람이 완벽해지려고 하면 너무 힘들잖아요. 당신이 걱정돼서 한 말이에요. 조금 내려놓아도 당신은 여전히 멋진 사람이에요. 지금보다 마음이 훨씬 편해지실 거예요."

지인은 나를 완벽주의자로 봤다. 지인 역시 상대를 객관적으로 보고 그것을 풀어내는 상담사라 정확히 집어낸 것이다. 사실 완벽주의자가 되고 싶다는 생각은 없었다. 그리고 그럴 필요도 없었다. 완벽주의자들의 특성을 익히 알고 있었기에 완벽주의자가 된다는 것은 나와는 거리가 멀었다. 집안 형편상 공부를 늦게 시작했다. 학력 콤플렉스를 보완하려고 공부를 누구보다 열심히 했으며, 나만의 특기를 계발하기 위해 밤잠도 줄였다. 늦은 만큼 남들보다 몇 배는 더 노력해야 한다는 생각으로 난 늘 분주했다.

내가 하고 싶은 일을 직업으로 갖게 되면서 잘해야 한다는 일종의 강박관념이 없었다고는 할 수 없으나 그것이 완벽주의라고는 생각지도 않았다. 가끔 살아가다가 내 기대 충족이 안 될 때는 마음이 우울해진 적도 있었다. 사람이라면 누구나 다 그러지 않을까 생각했다.

어떻게 보면 그 사람 말처럼 내게 완벽주의적인 면이 있는지도 모른다. 콤플렉스가 가져다주는 두려움과 불안으로 완벽해지려고 하면서 그것을 인정하지 못한 것일 수도 있다. 하지만 내가 아는 나는 빈틈투성이라는 것이다. 얼마나 엉성한지 자주 실수를 연발하며 앞뒤 안 맞는 표현도 잘한다. 어쩌랴 그것이 나인 것을. 그런 내가 빈틈이 없어 보인다니 칭찬으로 듣고 싶을 정도이다.

나뿐만 아니라 누구에게나 내가 아는 나와 남이 아는 내가 차이가 있어서 당황하거나 의아했던 경험이 있을 것이다. 보통은 그런 일이 있으면 남들이 말하는 모습이 진짜 나에게 있는 것인지 믿을만한 사람으로부터 객관적인 평가를 받고 싶어 한다. 그러나 누구도 나를 정확하게 말해 줄 수는 없다. 또한 나를 진단해보는 여러 가지 심리도구들도 임상경험을 통해 통계를 낸 것이기 때문에 백퍼센트 나에 대해 정확히 말해주지는 못한다. 사람이란 계속 감정이 변화하고 앞으로 얼마나 더 변할지 알 수 없기에 나를 한마디로 정의를 내린다는 것이 사실 어렵다. 다만 내가 어느 범주에 들어가는지 가장 가까운 근사치를 알아보는 정도다.

최근 인문학 열풍이 강하다. 사람을 성찰하는 학문이 인문학이다. 인문학 열풍이 불고 있는 건 다행스런 일이다. 하지만 다른 시선으로 본다면 안타까운 일이다. 인문학은 사람을 성찰하는 학문이기 때문에 열풍이 아니라 원래 일상이어야 했다. 성장에만

풀리는 도형 그 안에 당신이 있다

목매달아 모든 건 금전으로 평가받고 금전 싸움에서 패배한 사람은 대접받지 못했다. 오직 돈을 최고로 여기자 곳곳에서 시름이 들려온다. 그렇다. 저성장이 열리면서 성장은 만능 대안이 아님을 알고 인문학을 찾기 시작했다.

인문학 열풍의 핵심은 자기성찰과 인생탐구다. 즉 '나를 알기'가 시작된 것이다. 아직도 내가 어떤 사람일까에 대한 관심조차 없이 주어진 현실에 자신을 맡기며 되는대로 살아가고 있는 사람이 더 많다. 그런 사람들은 자기성찰이니 인생탐구니 하는 것들이 복잡하고 바쁘게 살아가는 현실에서 귀찮거나 배부른 소리라고 생각한다. 그저 돈 많이 벌어 남에게 아쉬운 소리 안 하고 살면 그것이 행복이고 정답이라고 생각하며 하루하루 고된 삶을 살아간다. 어차피 모두에게 똑같이 주어진 시간이 하루에 24시간이라면 그 절대적이며 공평한 시간을 최대한 가치 있고 효율적으로 사용하면 좋지 않을까?

나의 타고난 성향과 특성을 모른 채 그저 사회가 세워놓은 기준에 맞추어 살다 보면 나하고 맞지 않는 길을 걸어갈 수도 있다. 그러면 먼 길을 돌아서 나중에 후회할지도 모른다. 자신을 모른다면 성장도 행복도 없는 것이다.

'나는 누구인가'에 대한 철학적 사유는 감수성이 예민한 사춘기때 제일 처음 한다. 대부분 자아정체성 혼란으로 방황하며 하는 물음이지만 성인이 되면 먹고 사는 일에 급급한 나머지 이런 고상한 철학적 사유는 거의 사라지고 만다. 그러다가 사는 일에 많이 지치고 힘이 들 때 그때서야 문득 '나는 누구지?' '난 왜 이렇게 살아가고 있는 거지?'라며 고뇌에 빠진다. 사람은 뭔가 허전해야만 자기의 내면에 침잠되어 비로소 자신을 돌아보게 되는 것 같다.

"숙고하지 않는 삶은 살 가치가 없다."

이 말은 소크라테스가 한 말이다. 이 말과 비슷한 의미를 갖는 '호모 쿠아에렌스'라는 말은 탐구하고 사유하며 끊임없는 질문으로 해답을 찾아가는 생명체라는 뜻인데 자기를 성찰하고 삶을 음미하며 다른 사람들과 서로 공유하며 사는 삶의 중요성을 나타내는 것으로 보면 된다.

사람들은 인생을 살아갈 최적의 해답을 구하려고 애를 쓴다. 인생에 정답이란 정해져 있지 않다. 다만 정답을 자신이 만들어 가거나 최선을 다해 걸어가는 그 길이야말로 바로 최적의 삶이며 해답이다. 최선을 다할 때도 내게 맞는 최적의 길을 찾아야 하는데 나를 알지 못하고는 불가능한 일이다. 상담을 받는 사람들이 보통은 자신에게보다 다른 사람에게 문제의 원인이 있다고 여기며 책임을 돌리는 경우가 많다. 한 사람을 상담하기 위해 그 주위에 서로 영향을 주고받으며 연결되어 있는 여러 사람을 살펴보면서 그 관계 속에서 원인과 상처가 생김을 깨달을 때 진짜 나를 만나게 되기도 한다.

처음부터 자신을 알고 인생을 살아가는 사람은 없다. 살아가면서 배우고 느끼고 알아가는 것이다. 바쁜 현대인들은 자기를 성찰할 시간이 그리 많지 않다. 일부러 노력하지 않으면 흘러가는 대로 떠밀리면서 살아갈 확률이 높다. 사실 다 바쁘다. 이때일수록 어디로 떠나가고 있나 숙고한다면 제대로 된 나만의 길이 나오지 않을까.

왜 우리는.
서로에게 가까워지지 못할까.

●
▲
S

"너는 내 마음을 그렇게 모르느냐?"

드라마를 보면 종종 듣게 되는 대사다. 이 한마디에 서로 대화를 끊고 감정만 상한 채 헤어진다. 각자 마음을 모르니 상처만 남을 뿐이다. 그렇다면 우리 모두 사람 마음을 읽는 것만으로 상처를 주지 않는 걸까?

사람 마음을 읽는 걸 관심법觀心法이라 한다. 15년 전 드라마 〈태조 왕건〉의 궁예 때문에 관심법이 대중들에게 알려졌다. 정치인이자 승려인 궁예는 사람 마음을 읽어서 통제하려는 의도가 있었다. 그는 위기 때마다 관심법이란 이름으로 철퇴를 내려치며 많은 사람을 죽였다. 관심법은 두려움의 대상이고 통제의 대상이었다. 만약 궁예가 마음을 읽는 게 아니라 사람의 마음을 헤아렸다면 이야기는 달라졌을 것이다.

단지 읽는 것을 너머 헤아림이 있는 마음 읽기가 필요한 이유가 여기에 있다.

우리는 사람과 사람 속에서 살아간다. 서로를 헤아리지 못한다면 아무리 친해지고 싶어도 좀처럼 가까워질 수 없다. 살다 보면 내 마음을 몰라주는 상대 때문에 답답하거나 알 수 없는 상대방의 마음 때문에 애가 타는 일이 많다. 눈에 보이지 않는 마음은 마음으로만 느낄 수 있는데 우리는 마음이 아닌 눈으로 보려고 하면서 힘들어한다.

마음을 그릇에도 비유한다. 그릇에 무엇인가를 담기 위해서는 먼저 그릇이 비워져야 하는 것처럼 누군가의 마음을 담기 위해서 나의 마음도 그와 같이 비워야 한다는 것을 사람들은 잘 생각하지 않는다. 그러면서 외부에서 자꾸 무엇인가를 가져다 자기 안에 꽉꽉 채우려고만 한다. 더군다나 자기의 경험에 근거한 믿음을 갖고 남에 대한 판단과 해석을 가득 담고 다른 사람을 바라보는 속성이 있다. 나로 가득 찬 마음으로는 결코 다른 사람의 마음을 순수하게 느낄 수도 없고 담을 수도 없다.

얼마 전 아는 동생으로부터 연락이 왔다. 차 한 잔 하자는 말이 무언가 할 말이 있는 듯한 눈치였다. 바람이 시원한 늦은 오후, 야외 벤치에 앉아 오가는 사람들을 바라보며 동생은 입을 떼었다.

끌리는 도형이 인생의 답이다

"생각보다 애가 빨리 큰 것 같아. 이제 말도 잘해야 되겠어."

사연인 즉 8살 아들하고 벌인 작은 실랑이에 대한 이야기였다. 아들이 너무 놀기만 좋아하자 걱정스러운 마음에 피아노학원과 미술학원에 보냈는데 재미없다며 안 가겠다는 것을 억지로 타일렀다고 한다.

"조금만 더 다녀봐, 그러면 분명 재미있어질 거야. 엄마 말 들어."

엄마의 권위를 활용해 한마디 했다. 그러자 아들이 답변했다.

"엄마, 나한테도 마음이 있어요! 내 마음이 있는데 엄마는 왜 그걸 몰라요?"

아들은 결국 코를 훌쩍이며 억울한 듯 울기 시작했다. 아이가 말한 '마음'이란 말에 뜨끔해져서 순간 말문이 막혔다고 했다. 늘 어린애인 줄만 알았는데 어느새 많이 큰 것 같아 대견하면서도 한편으로 왠지 모를 섭섭함도 밀려들었다.

아이에 관한 일인데도 정작 아이의 마음을 헤아리지도 않고 어른의 이기심과 부모의 욕심으로만 강요했음을 깨달았다. 학원에 계속 보낼 거냐고 물으니 억지로 보내지 않겠다고 했다. 그러면서 아들이 좋아하는 것과 진짜 적성이 어디에 있는지 알아보고 싶다고 했다.

어떤 부모들은 자신들의 기준에서 아이들이 사소하다고 여겨지는 것에 재능을 보이거나 관심을 보이면 별로 신경을 쓰지 않는

끌리는 도형 그 안에 당신이 있다

다. 오히려 별거 아닌 것에 집착하거나 몰두한다며 조바심을 내며 불안해한다.

작은 재능이라도 모든 재능은 귀하며 지지받아야 함에도 많은 부모가 자신의 기준대로 아이를 대하고 자신의 기대에 맞춰 아이들을 키우는 일이 많다. 그러다 보니 부모와 자녀들은 자주 갈등을 겪는다. 아이들은 어른이 생각하는 것보다 훨씬 많은 것을 알고 있고 많은 생각을 한다. 어른들이 마음대로 아이들의 생각에 한계를 지어놓고 수직적 대화를 하거나 아이들의 마음이 반영되지 않은 대화를 할 때 아이들은 부모의 말을 대화가 아닌 일방적 잔소리로밖에 듣지 않는다.

부모가 생각하는 바람직한 길과 아이가 바라는 길 사이에서 과연 부모들은 어떤 길을 지지할 것인지, 어떤 길이 진정 아이를 위하는 길인지 진지하게 생각해 볼 일이다. 그렇지 않다면 흔히 전투에서는 이겨도 전쟁에서는 진다는 말처럼 아이의 마음을 얻기가 힘들 것이다. 이와 마찬가지로 사람은 모든 관계에서 자신을 기준으로 놓고 자신의 기대대로 생각하기 때문에 서로의 마음에 가까워지기 어렵다.

엄마와 아들의 도형심리검사를 해보니 예상대로 엄마는 점액질로 내성적이며 매사에 예의 바르고 차분한 성격의 네모 유형이었다. 이와 반대로 아들은 다혈질로 매우 활달하고 외향적인 동그라미 유형이었다.

활동적인 기질인 아들은 운동을 좋아했다. 주말이면 아빠와 함께 운동장에 나가 축구도 하고 공 던지기를 하면서 노는 걸 좋아했다. 그래서 정적인 미술 활동 같은 것에는 관심이 없었다. 하지만 아들의 기질을 모른 체 적성에 맞지 않는 것을 엄마가 억지로 시키려다 보니 결국 아들을 힘들게 한 것이다.

서로가 가까워지지 못하는 이유는 간단한 것이다. '다름'을 이해하고 용인하지 않기 때문이다. 특히 어느 누군가 힘이 있다면 힘의 논리로 '같음'을 강요한다. 뜻밖에 부모와 자녀 관계에서 많이 볼 수 있다.

"나는 어떤 면에서 지구상의 모든 사람과 같으며, 어떤 사람들과는 비슷하나 다른 사람들과는 다르며 그 누구와도 같지 않다."

미국의 문화이론가 크럭혼Kluchohn의 말이다. "그 누구와 같지 않다"라는 말은 개인의 독특성을 말한다. 우리는 모두 개인의 독특성이 존재한다. 독특성이야말로 '나'라는 존재를 각인시키고 살아있음을 증명하는 소중한 수단이다. 즉 자존감이며 살아갈 이유라는 것이다.

사람에게 살아갈 이유가 없다면 살아가기 힘들다. 우리는 고유의 독특성을 다양한 이름으로 부른다. '개성', '소명', '과업', '나다움', '천명' 등이 있다. 나의 개성을 남에게도 강요하고 있는지 스스로 점검할 필요가 있다.

함께 살아간다는 건 쉽다면 쉽고 어렵다면 어려운 법이다. 중

요한 건 관점 하나의 차이다. 즉 타인의 개성을 인정하고 헤아려
야 한다는 점이다. 그 사람 마음을 읽겠다는 오만을 버리고 서로
서로를 헤아리는 사람이 많다면 더욱 가까워질 수 있다.

마음을 읽는.
도형심리학.

●
▲
S

아름다워지고 싶은 욕망은 당연한 욕망이다. 그래서일까. 성형
수술이 열풍을 넘어 일상이 된 지 오래다. 성형수술이 기술 발전
으로 전신을 다할 수 있지만 유일하게 성형수술이 안 되는 곳이
있다. 바로 눈빛이라 부를 수 있는 눈이다. 눈은 성형할 수 없는
곳이다. 수술은 불가능하지만 눈을 변화시키는 방법이 있다. 바
로 마음과 생각을 새롭게 하는 것이다.

나이를 떠나 열망에 사로잡힌 사람의 눈을 본 적 있는가? 반짝
이며 색이 강하다. 청춘의 차이를 꿈의 유무라 말하면 눈을 보면
청춘인가 아닌가 알 수 있다. 마음과 생각을 새롭게 한다면 눈은
변화될 수 있다. 마음을 성형하면 눈빛도 달라진다.

첫사랑의 설렘을 가장 먼저 알아채는 곳 역시 눈이다. 눈을 보

면 내면의 울림과 영혼의 깊이까지도 알 수 있다. 거짓말할 때 자꾸 눈을 피하는 이유는 눈을 통해 마음을 들키기 때문이다. 마음에 잔인한 음모를 꾸미고 있는 사람이 아무리 반달 입 꼬리로 웃어도 눈빛은 절대로 선량해 보이지 않으며, 짝사랑에 가슴이 에이는 사람의 눈빛은 아무리 태연한 척해도 그 절절함을 감출 수가 없다. 이렇듯 눈은 소리 없이 많은 말들을 하며 많은 생각을 담고 있다.

우뇌가 발달할 시기의 아이는 부모의 눈에서 자기를 본다고 한다. 부모의 눈이 따스한 아이들은 높은 자존감을 형성하여 자립심이 커지지만 그렇지 못한 아이들은 낮은 자존감을 형성하게 되어 사회생활을 해나가는데 적지 않은 어려움을 겪게 된다. 결국, 아이들의 밝은 미래는 부모의 따스한 눈빛과 가슴에서 시작되는 것이다.

또한 사람은 나이가 들수록 수많은 경험으로 인해 눈에 명암이 진다. 그것은 삶의 이력이 되어 오랜 세월의 흔적을 남긴다. 이야기가 많이 담긴 눈을 바라보며 우리의 상상 또한 깊어지곤 한다. 어쩌면 눈으로 말하는 것에 우리는 가장 쉽게 공감하고 설득이 될지도 모르겠다.

달인으로 유명한 개그맨 김병만의 최고 매력을 뽑자면 노력하는 모습과 눈일 것이다. 개그맨을 꿈꾸고 무작정 서울로 상경했을 때 선배는 눈으로 사람을 웃길 줄 알아야 한다고 말한다. 그

후 김병만은 눈 개그를 연습한다. 우리가 김병만에게 공감하고 웃어주는 이유에 눈도 포함되어 있다. 그 깊고 진실된 눈 말이다.

도형은 눈으로 보고 눈을 통해 그리기 때문에 진실한 나를 만날 수 있는 하나의 방법이다. 도형표현은 거짓이 없다.

자유롭게 그리는 ㅇ△ㅁs의 4가지 도형 속에 마음이 담긴다. 그래서 도형그림을 통해 이제껏 의식하지 못했던 숨겨진 자신을 발견하기도 한다. 도형이 그려지는 형태와 위치, 배열에 따라 그 사람이 가진 선천적 기질과 후천적 성격, 내면의 심리 등을 파악할 수 있다. 상담 현장이나 강의 중에 도형을 그리게 해서 풀이를 해 주면 많은 사람이 놀랍다는 반응을 보인다. 단지 6개의 도형 속에 자신도 몰랐던 심상까지 표현되는 것이 무척 신기하다고 말한다.

필자는 도형을 공부했고 수많은 사람을 도형으로 상담했다. 맞냐? 맞지 않냐?보다 도형으로 마음의 이야기를 많이 끌어왔다. 그래서 눈을 통해 그려진 도형을 상담도구로 활용한다. 심리상담에선 도형이 흔히 쓰이지만, 대중에겐 아직 알려지지 않았다. 마음의 이야기를 꺼내고 상대방의 마음을 알기 위해 도형에 대해 조금 더 알아보자.

도형심리가 탄생하게 된 이론적 배경은 그리스의 의사이자 철학자인 히포크라테스Hippocrates의 4대 기질론에서부터 시작된다. 그는 의학의 아버지라 불릴 만큼 명망 있는 의사였다. 현대에 와

끌리는 도형 그 안에 당신이 있다

서도 히포크라테스의 기질론은 가장 많이 활용되고 있으며 의사와 간호사들이 처음 의료의 의무를 지게 될 때 히포크라테스 선서를 하고 있다.

히포크라테스가 첫 기질을 밝혀내게 된 데에는 다음과 같은 일화가 전해지고 있다. 그에게 어느 날 똑같은 증세가 있는 환자들이 찾아왔다. 그래서 그는 그 사람들에게 똑같은 약 처방을 내리게 되었다. 그런데 시간이 지나자 사람마다 약효가 다르게 나타나는 것이었다. 분명 같은 증세에 같은 약 처방을 내렸는데 왜 사람마다 약효가 다르게 나타나는지 궁금했던 그는 연구 끝에 그 이유가 바로 사람마다 몸의 성질이 다르기 때문이라는 것을 발견해낸다. 그는 그것을 '기질'이라고 불렀다. 그는 기질에 따라서 반응이 달라진다고 보았다. 기질은 마음과 연관이 깊다. 즉, 왜 그런 마음이 생기는지에 대한 이유는 기질을 살펴봄으로써 알 수 있다고 했다. 몸과 마음은 연결이 되어 있어서 사람마다 기질이 다르면 마음도 다르다는 것이다.

서양의 유명한 격언에 "건강한 몸에 건강한 정신이 깃든다"라는 말이 있고 동양의 사자성어에는 마음과 몸이 하나라는 '심신일여心神一如'라는 말이 있다. 히포크라테스의 주장처럼 '몸과 마음은 서로 연결되어 있다'라는 것을 방증이라도 하듯이 몸과 마음의 연결성을 동서양을 막론하고 여러 곳에서 중요하게 다루고 있다.

히포크라테스는 기질을 혈액, 점액, 황담즙, 흑담즙 등 4가지로 구분하였다. 한 사람의 몸 안에는 이 4가지가 전부 들어 있는데 그중 하나가 특히 더 강세를 보일 때 그것에 의해 주 기질이 정해지는 것이라고 했다. 어느 것이 특별히 더 우세한 것보다 4가지가 모두 조화로울 때 마음과 몸이 가장 건강하다는 것이다.

히포크라테스 이후 500여 년이 흐르고 등장한 그리스의 전설적인 의사 갈레노스Claudios Galenos 역시 기질의 중요성을 강조하였으며 마음과 몸과 환경의 조화를 중요하게 여겼다. 질병은 이 3가지의 조화가 깨질 때 생긴다고 주장하였다. 그후로도 여러 학자가 기질론에 대해 힘써 왔으며 그중에서도 특히 독일의 철학자 임마누엘 칸트Immanuel Kant는 기질론을 전 유럽에 널리 알리는데 중추적인 역할을 했다.

뒷부분에 자세히 칸트의 이야기가 나오겠지만 칸트는 4가지 기질 중 에스 유형인 우울질 기질을 갖고 태어난 사람이다. 그밖에 칼라이너의 도형에 대한 정의와 MBTI Myers-Briggs Type Indicator의 바탕이 되기도 한 칼 융Carl Gustav Jung의 향성론, 팀 라헤이Tim LaHaye 목사의 성경인물 기질 분석 등 여러 이론이 종합되어 지금의 도형심리가 탄생하게 되었다. 많은 권위자의 실험과 이론으로 기질이 탄생하였고 도형을 활용하여 나의 기질이 무엇인지 알 수 있게 된 것이다.

필자는 도형을 전문적으로 배우라 말하고 싶지 않다. 나와 내 가족의 기질을 자가 진단으로 알 정도면 충분하다. 더 필요하면

끌리는 도형 그 안에 당신이 있다

전문가의 도움을 받으면 좋지만 여건이 안 되면 배우자, 자녀, 부모 기질만 알면 조금이라도 소통이 되는 가족이 될 거라 믿는다.

그럼 도형심리로 자기분석과 가치 탐구를 알아보자.

도형심리는 투사적 심리기법을 쓰는 상담도구로, 투사란 자기 내면에 내재한 욕망, 생각, 태도, 감정 등을 다른 사물이나 타인에게 이전시키는 심리적 작용을 말한다. 심리검사에서 많이 쓰이는 또 다른 투사적 기법은 놀이치료, 예술치료, 미술치료 등이 있다. 도형심리상담을 그래픽 테라피Graphic Therapy라고 부르는데 그래픽은 사전적 의미로 그림이나 도형, 사진 등 다양한 시각적 형상이나 작품을 통틀어 이르는 말이다. 다시 말해 도형을 그려 치료하는 개념이다.

도형을 그리는 방법은 매우 간단하다. 너무나 간단해서 과연 심리가 제대로 반영이 될 수 있을까 하는 의문점도 생긴다. 하지만 무심코 그리는 도형이라 할지라도 그 속에는 그리는 사람의 마음이 나타나게 된다. 무의식적으로 내면의 심리가 투사되어 나타나기 때문에 평소 자신이 알던 모습과 다른 면이 나타나기도 한다. 그것이 바로 기질과 잠재된 무의식의 심리이다.

도형심리는 매우 복잡한 학문이 아니므로 조금만 노력하면 누구든지 자기 이해 및 타인 이해에 얼마든지 활용이 가능하다. 상담사라면 도형을 해석해 줌으로써 내담자에게 자신을 깨닫고 좀 더 긍정적인 방향설정을 할 수 있도록 도울 수 있다. 다만 도형을 해석할 때는 마음을 다루는 문제이므로 자칫 잘못된 해석으로 상대방에게 부정적인 영향을 끼치지 않도록 조심해야 한다.

투사적 검사는 주관적인 개인의 독특성을 살펴보는 검사이기 때문에 일반적으로 널리 쓰이는 객관적 검사와는 다르다. 객관적 검사는 상대적으로 비교하려는 취지가 있고 투사적 검사는 오로지 개인만을 살펴본다. 두 검사 모두 나름대로 장단점을 가지고 있는데 투사적 검사가 반응의 폭이 넓다는 장점과 검증이 아직은 다소 부족한 단점이 있다면, 객관적 검사는 신뢰도와 타당도가 높다는 장점이 있지만 반응이 제한적이라는 단점을 가지고 있다. 한 사람의 유형과 심리를 검사하려면 이 두 가지가 모두 적절히 활용되어야 할 것이다.

도형심리검사를 통해 내면의 심리상태를 알 수 있지만, 자세한 것은 역시 대화를 통해서만이 가능하다. 하지만 도형심리검사는 다른 심리도구들에 비해 사람들이 거부감이나 방어기제를 적게 갖는 편이어서 마음이 쉽게 드러나는 편이다. 도형을 통해 자아를 발견할 뿐 아니라 드러난 상처를 치유하도록 돕고 자신이 가진 잠재력과 가치 탐구를 할 수 있도록 만든다.

현재 여러 방면에서 활용되고 있는 도형심리는 특히 자기발견이나 대인관계 향상 프로그램, 기업 직무교육, 진로 적성 탐구, 여러 상담 현장 등에서 활발히 활용되고 있으며 많은 사람의 사랑을 받고 있다.

도형심리에 관한 간단한 이론을 이야기했다. 눈은 거짓이 없고, 눈으로 풀어내는 도형 역시 거짓이 없다. 참자아를 찾는 게 공허함이 강한 현대인의 희망이다. 이 희망을 도형으로 찾아보자.

당신이 그 모양에 끌리는,
진짜 이유.

●
▲
S

지적장애를 가진 아빠와 딸의 이야기를 그린 영화 〈I am sam〉이
있다.

아빠 샘은 7살 지능을 갖고 있다. 딸 루시가 학교에 입학하며
아빠 지능을 초월하자 사회복지기관은 딸을 다른 부모에게 입양
시키려고 한다. 둘은 주 2회 만날 수 있다. 아빠 샘은 딸을 찾기
위해 법정 싸움을 불사하며 영화는 전개된다. 샘 주변에 착한 이
웃들과 샘을 도와주는 엘리트 변호사 등이 등장하는 이 영화는 가
족의 의미를 생각하게 만들며 코믹하면서 진한 감동을 준다.

"우리는 어쩜 이렇게 다를까? 그런데 왜 서로 똑같이 느낄까?"

샘과 딸 루시가 함께 책을 읽는 장면에 나오는 말이다. 루시는
점점 커가면서 자신과 다른 아빠 샘을 느끼기 시작하지만, 아빠

를 사랑하는 마음은 아빠가 자신을 사랑하는 마음과 여전히 똑같음을 책 구절을 통해 전한다. 우리는 무언가에 똑같이 느낄 때가 있다. 지적 수준을 떠나 끌림이 있는 것이다. 영화에는 책 구절을 통해 서로의 끌림을 말하고 있다.

'카리스마'와 '포스'란 단어를 알고 있을 것이다. 사람을 끄는 매력이라는 공통점이 있지만 주는 느낌은 다르다. 밝고 긍정적인 이미지와 로맨티스트 같은 특별한 매력이나 호소력을 가진 힘을 카리스마라고 한다면 어둡고 침울하지만 무언가 모르게 끌리는 힘을 포스라 한다. 여기서 중요한 건 긍정적인 건 좋고, 부정적인 건 나쁘다는 이분법적 사고가 아니다. 사람마다 다르고 끌리는 것이 다르다는 걸 이야기한다.

도형도 마찬가지다. ○△□S 4가지 중 어느 것이 좋고, 어느 것이 나쁘다고 표현할 수 없다. 각자 끌리는 것이 있고 끌리는 것에 담긴 메시지와 장점을 끌어내면 될 뿐이다. 그래서 도형심리 검사 때는 거짓말을 하면 안 된다. 솔직하고 있는 그대로 표현해야 한다.

끌리는 도형이 인생의 답이다

동그라미 모양과 관련이 깊은 사람

1929년 일본에서 태어난 현대 미술의 거장 중 한 사람인 쿠사마 야요이가 있다. 그녀는 다방면에 걸쳐 예술적 재능이 많았는데 그

중에서도 특히 물방울무늬polka dot로 자신만의 미술 세계를 완성한 사람이다. 그녀의 동글동글한 점들의 작품을 보면 예쁘고 발랄하며 행복한 인상을 받는다. 하지만 그녀가 점들의 집합체를 그리기 시작한 것은 자신의 정신적 문제에 의해서였다.

어렸을 때부터 강박적 편집증을 앓아온 그녀는 자신의 병을 치유받고 싶어서 동글동글한 물방울무늬를 반복적으로 그렸다. 그 형태를 그림으로써 자신의 병으로부터 해방되는 카타르시스를 느끼며 원만함과 자유를 얻을 수 있었다. 이처럼 동그라미는 원만함과 조화를 상징하며 그것이 필요하거나 실제로 그러한 기질을 가진 사람이 많이 끌리는 도형이다.

세모 도형을 극명하게 보여준 사람

실제 상담했던 사례다. 현역 군인 K씨가 있다. 전역을 불과 4개월 앞두고 소대에서 너무 스트레스를 받아 상담하게 되었다. 나는 그에게 먼저 도형을 그려보게 하였다. 도형을 보니 매우 성취지향적이며 자존심이 강한 사람이었다.

"후임들이 이것은 어떻고 저것은 어떻다고 아무리 말해줘도 내 말을 이해 못해요. 나약해 빠져서 힘들다고 하면서 마음의 소리에 투서나 올리고… 참나, 너무 어이없어 화가 난다니까요." 그러면서 후임들을 위해서 최선을 다하는데 자신을 알아주지 않는다며 분통을 터뜨렸다. 얼마나 열이 받는지 한겨울인데도 양말조차 신지 않고 있었다.

K는 가식적이거나 애매한 것이 싫어서 이분법으로 잘라 말하는 것을 좋아한다고 했다. 얘기하다 보니 K의 말투는 솔직함을 넘어선 매우 공격적인 말투였다. 성격 또한 급했다. 상대방이 우물쭈물 말하는 것을 답답해했다. 또한 후임들을 잘 가르치고 싶다는 핑계로 자기 뜻을 관철할 때까지 집념을 가지고 설득하거나 강요해 오고 있으면서 정작 자신은 그것을 알지 못했다. 자연히 견디지 못한 후임들이 마음의 소리에 투서를 올리는 일들이 잦아지게 되었다.

알고 보니 K의 집안 역시 군인 집안이었다. 직업 군인이었던 아버지 또한 매우 단호하고 엄격하며 지시적인 사람이었다. K의 기질적 특성과 후천적인 환경을 보면 K가 그런 특성을 가지게 된 건 어쩌면 당연한 일이었다. 하지만 정의가 지나쳐도 화가 될 때가 있다. 자신의 기준에서 조금이라도 불의라고 생각되는 것은 참기 어려우므로 행동으로 이어지다 보면 불상사가 일어나기도 한다. 내가 생각하는 정의와 다른 사람이 생각하는 정의는 다를 수 있다. 나와 다르다고 하여 무조건 상대가 잘못됐다고 말할 수는 없다.

나는 K에게 좋은 패기가 지나친 정의로 말미암아 오히려 독이 되지 않도록 독려하고 위로하면서 그에게 열혈병사라는 농담을 건네는 사이가 될 정도로 신뢰가 쌓였다. 여러 번의 상담 끝에 K는 한결 부드러워졌고 그 후 무사히 제대하게 되었다. 그가 그린 도형은 세모였다. 그것도 아주 큼직하게! 이처럼 패기가 있고 목표가 있는 사람들은 세모 도형에 확실하게 끌린다.

안정주의자 네모에 대해 알아보자

가수 화이트가 부른 노래가 있다.

> "네모난 침대에서 일어나 눈을 떠보면 / 네모난 창문으로 보이는 똑같은 풍경 / 네모난 문을 열고 / 네모난 테이블에 앉아 / 네모난 조간신문을 본 뒤"

아름다운 음률과 달리 내용이 밝은 내용은 아니다. 온 세상이 일정한 규격 속에 사는 것 같은 느낌이다. 네모는 안정감을 주면서 경제적이다. 반듯한 이미지며 흐트러짐이 없다. 그런데 아이러니하게도 네모의 질서정연한 것을 보면 안정감이 들다가도 갑자기 답답증을 느낄 때가 있다. 사람의 경우엔 더욱 그렇다.

언제나 모범적이고 원리 원칙적인 사람을 보면 올바른 사람이라며 칭찬을 하다가도 가끔은 정도나 규칙에서 조금만 벗어나면 좀 더 편할 것 같은 모순적인 생각을 한다. 너무 맑은 물에는 물

고기가 살 수 없듯이 사실 완벽한 사람보다는 뭔가 빈 구석이 있는 사람이 더 편하고 숨통이 트이기 때문이다.

지인 Y의 경우가 네모의 전형이다. 집에 가보면 읽고 난 신문이 거실 한쪽에 자로 잰 듯 똑바로 쌓여 있고 욕실의 수건도 다림질이라도 한 듯 반듯반듯 수납해져 있다. 가지런해서 보기는 좋았지만, 혹시 강박감이 있는 건 아니냐는 생각이 든 적도 있었다.

매사에 반듯한 성품의 그 친구는 그렇게 해놓아야 마음이 편하고 신경이 쓰이지 않는다고 했다. 워낙 평소에도 정리정돈을 잘하는 편이고 무슨 일을 하든지 서두르지 않고 차근차근하는 성격이었기에 그럴 수도 있겠다고 생각했다. 감정도 쉽게 드러내지 않으며 느긋한 편으로 타인의 생활에 무관심한 편이다. 그의 선호 도형을 알아보니 역시 짐작대로 네모를 그렸다. 자신의 틀 안에서 규칙적인 패턴으로 익숙한 것들에서 벗어나지 않으며 평화롭게 살기를 원하는 사람들은 네모 도형에 많이 끌린다.

융합의 매력을 가진 에스형을 알아보자

예능 프로그램에서 연예인이 동료에게 질문을 했다. "배고픈 소크라테스가 될래? 배부른 돼지가 될래?" 동료의 즉흥대사가 압권이었다. "배부른 소크라테스가 될래." 폭소가 터진 상황이다. 그 연예인이 도형검사를 했다면 분명 에스형일 것이다.

생각이 많고 복잡한 걸 즐기는 사람이 있다. 그리고 혼자 사색하고 고민하는 것을 좋아한다. 다소 엉뚱해 보여도 예측 못한 창조물을 세상에 내놓기도 한다. 그 대표적인 인물이 만유인력 법칙을 발견한 뉴턴이 아닐까 생각한다. 평소 사색과 독서, 배움을 끊임없이 했던 뉴턴은 매일 떨어지는 사과를 보고 만유인력을 발견했다. 보통 사람이면 사과가 떨어진 것으로 끝을 낸다. 그렇지만 뉴턴이기에 발견할 수 있었다. 생각이 자유롭고 복잡한 문제에 흥미를 느끼는 사람은 대체로 에스 도형에 끌린다.

도형이 100% 옳다고는 말하고 싶진 않다. 그렇지만 자신이 평소 좋아하는 도형을 보고 자신의 특성을 파악하고 직업 선택, 대인 관계 등 다양하게 활용할 수 있다고 생각한다.

세상 속 도형에 대한.
짧은 사색.

●
▲
S

고등학교 시절 특별한 삶은 아니더라도 평범함 속에서 행복이 있는 그런 삶을 꿈꾸었다. 그렇지만 또래 학생들과 마찬가지로 대입 스트레스를 많이 받았다. 그때 나를 위로해 준 건 선생님 몰래 교과서 귀퉁이에 수없이 끄적거리던 동그라미였다. 때로는 기하학적인 패턴들로 변형되기도 했던 동그라미들을 연속적으로 그리면서 나는 안정되기를 바랐던 것 같다. 가끔 힘든 일이 있다면 그 시절로 돌아가 나만의 도형을 그린다.

나는 사진찍기가 취미다. 덕분에 새로운 장소에도 많이 가봤고 사소한 듯 보이는 장면에서 멋진 스토리를 발견해 내는 재미도 만끽한다. 사람들 사이를 벗어나 나도 모르게 발길 닿는 곳을 갈 때가 있다.

그때도 그랬다. '내가 너무 멀리 와버렸네.' 하고 깨달았을 때는 방금 전까지 맑던 하늘에서 후두둑 후두둑 빗방울이 떨어졌다. 여우비였다. 다급해진 나는 카메라를 품에 안고 큰 플라타너스 나무 밑에서 비를 피했다. 걱정스런 맘으로 빗방울이 떨어지는 냇물을 바라보는데 나도 모르게 작은 탄성이 흘러나왔다. 아, 거기에는 무수한 꽃들이 피어나고 있었다. 작은 빗방울이 잔잔하던 냇물 위로 떨어지며 너무나 아름다운 꽃잎을 새기고 있었다. 멈추어서 영원히 사라지지 않을 듯한 그 파동을 바라보며 나는 드높은 행복을 느끼면서 최고의 순간을 즐기고 있었다. 수면 위로 수많은 꽃잎이 피었다 빠르게 사라져갔다.

나는 연신 셔터를 눌러댔다. 마치 불꽃놀이의 불꽃이 터지고 난 직후의 아름다운 찰나를 포착하기 위한 몸부림과 같았다. 끊임없이 둥글게 둥글게 피어나는 물 위의 꽃잎에 나는 완전히 매료되어 버렸다. 새벽녘 물안개가 자욱한 잔잔한 호수 위에 조용히 일렁이는 파동에도 나는 심장이 울린다. 그것은 오래전부터 즐겨오는 나만의 비밀스런 향연이다.

잔잔한 호수에 돌을 던져본 적이 있는가. 처음에 그려지는 작은 동그라미 하나가 이윽고 수십 개의 파동을 만들며 널리 퍼져나가는 그 모습을 본적이 있는가. 엄청나게 큰 포물선을 그리면서 내 시야를 가득 채우고 넘쳐서 내 시야에서 완전히 벗어나 조용히 사라져갈 때까지 나는 넋을 잃고 바라보곤 했다. 내 시야에서 떠난 파동은 끝까지 멈추지 않고 건너편 호숫가 가장자리에까지 가 닿아서 철썩였다. 다만 내가 그것을 보지 못할 뿐이다.

사람이 사는 일도 그와 같다. 얼마나 많은 일들이 내게서 시작되어 나도 모르는 사이 다른 사람에게 영향을 끼치고 있는지 잘 알지 못한다. 사람들은 흔히 자신이 아는 것, 보는 것, 듣는 것만큼만 생각하고 사람과 세상을 바라본다.

스위스의 심리학자 칼 융은 매일 새벽마다 자신의 일기장에 작은 원 모양을 그렸다고 한다. 그러다가 그 작은 원 모양이 자신의 심리상태를 반영하고 있다는 것을 깨닫고 동양종교를 연구하던 중 그것이 만다라와 같다는 것을 깨달았다. 만다라Mandala는 '원'이라는 뜻을 갖고 있다. 칼 융은 만다라를 참다운 나를 찾아가는 과정이며 자신의 내면세계를 비추는 거울이라 정의했다. 자신의 환자들이 반복적으로 동그라미를 그리는 모습을 발견한 후 인간은 불안정하고 조바심이 날 때 본능적으로 원형의 낙서를 한다는 것을 알아냈다.

나의 고등학교 시절이 그랬던 것 같다. 조바심이 났고 오지 않은 미래의 걱정에 시간을 꽤나 많이 쏟았다. 그때 동그라미는 나에게 위안이고, 행복이었다. 지금 도형심리를 공부하는 것 역시 그 연장선이라는 느낌이다.

유독 사람들은 동그라미에 쉽게 매혹 당한다. 우리나라 사람들이 가장 선호하는 도형도 바로 동그라미다. 주변에 있는 동그라미 모양을 한번 보자. 꽃잎의 모양, 물방울 모양, 은하수, 물레방아, 가고 싶은 곳에 이를 수 있도록 하는 바퀴 모양, 좋은 사람을 만났을 때 확장되는 동공, 돼지저금통이 제일 좋아하는 동전 모양에도 동그라미가 있다.

언제 누가 누구를 위해 건설했는지 아무도 모르는 원형으로 배치된 거대한 입석立石 유적물인 영국의 스톤헨지에도, 빛무리 가득한 성당의 스테인글라스에도, 티베트의 라마승이 색깔 모래로 숨결을 고르며 고도의 집중력으로 그리는 만다라에도, 아들의 무병장수를 비는 어머니의 머리 위 보름달에도, 조선백자 달 항아리에도 가슴을 뛰게 하는 심장에도 원이 담겨 있다. 동그라미 원은 원만하고 조화로우며 충분하다.

피라미드는 왕권, 절대 권력의 상징이다. 중대한 목표에 에너지가 집중되어 있다. 절실함이 느껴진다. 산을 생각해보자. 영화 〈히말라야〉는 끊임없이 인간의 한계를 넘어서 도전하는 산악인들의 이야기가 나온다. 엄홍길 대장의 실화를 바탕으로 제작된 이 영화에서 자연을 정복하려는 것이 아니라 자연을 통해 나약한 자신의 한계를 극복하려는 고귀한 인내를 볼 수 있었다.

높이 오르면 오를수록 산이 가파른 것은 아무나 그 고지에 쉽게 도달할 수 없도록 하기 위해서이다. 끊임없이 고통과 싸우고 인내하면서 이겨내는 자만이 정상에 설 수 있도록 산은 날카롭게 날을 세우는 것이다. 수학자 피타고라스의 정리의 의하면 정삼각형은 절대 균형을 갖고 있어서 어느 변을 눌러도 절대로 찌그러지지 않는 절대법칙이 있다. 다른 어떤 도형보다 가장 강력한 에너지와 힘을 가지고 있는 도형이 바로 세모 도형이다.

바람에 흔들리는 사찰의 맑은 풍경소리를 들으면 내 기분도 따라 맑아지는 것을 느낀다. 그 순간만큼은 맑은 풍경소리의 선율을 타고 세상의 모든 번민이 다 사라져간다. 바람에 흩어진 햇살이 살짝 그림자를 드리우는 대웅전 나무 문살은 또 얼마나 아름다운지. 행복하기만 하다. 말없이 세월을 말해주는 빛바랜 네모 격자무늬 문살을 조용히 쳐다보고 있노라면 마음 깊은 곳에 자비심이 살아나는 것 같다.

옛날 나 어릴 적에는 마당에 꽃이 피면 어머니가 꽃을 따서 고이 말렸다가 창호지에 붙이시곤 하셨다. 방 안으로 따스한 햇살이 비칠 때면 창호지의 고운 빛깔의 꽃들이 자태를 드러내며 향기를 막 뿜어내는 듯한 환상에 빠지곤 했다. 그때의 설레던 기억 때문인지 나는 유독 네모 격자무늬의 나무 창살을 좋아한다. 그 시절이 그리워지면 사찰의 나무 창살에 머문 마지막 햇살이 사라질 때까지 나는 마음껏 평화를 누리다 집으로 돌아온다. 네모가 발명되지 않았다면 지금 수많은 건물은 어땠을까 고민한다. 균형잡힌 '그 무엇'이 바로 네모다.

봄이면 청보리밭에 사는 푸른 바람을 보러 가고 가을이면 농부들의 땀방울로 누렇게 벼이삭이 익어가는 황금들판을 보러 간다.

성실한 농부의 마음처럼 잘 다듬어진 논밭 길을 멀리서 바라보며 세상에서 가장 평화로운 광경을 렌즈에 담을 수 있다. 그 앞에서는 누구든지 마음이 숭고해지며 깊은 인상을 받을 것이다. '논밭의 직선화' 현대적이고 세련된 이미지다. 그렇지만 구불구불한 시골 모습이 그리울 때가 있다.

나는 탁 트인 시원스런 길도 좋지만 느린 속도로 달려야 하는 구부러진 길이 더 좋다. 예전에 독일의 아우토반을 달릴 때의 짜릿함도 잊을 수 없지만 시골의 구부러진 길을 달릴 때면 자연스럽게 속도를 줄이고 천천히 달리게 되어 참 좋다. 왜냐하면 빠르게 달리면 결코 볼 수 없는 것들을 볼 수 있기 때문이다. 창밖으로 보이는 길가에 핀 꽃들과 아름다운 새소리, 손을 내밀면 닿을 듯한 하얀 구름, 피부를 간질이는 시원한 바람, 이 모든 것들은 느리게 달려야만 느낄 수 있다. 구불구불 걷는 오솔길은 봄이면 속닥거리며 고개를 내미는 풀잎들의 수군거림을 들을 수 있고 여름이면 짙푸른 나뭇잎들의 열띤 속삭임을 들을 수 있다.

나는 구부러진 길이 좋다. 천천히 걷는 길 위에서 사람들의 인생을 만날 수 있어서 좋다.

그 길 따라 세월이 가고 언젠가는 그 길 따라 보고 싶은 사람이 찾아올 것이다. 특히 길 위에서의 설렘은 고독한 순간에도 가는 길을 멈추지 않고 또 다시 길을 나서게 한다.

끌리는 도형 그 안에 당신이 있다

직업은 삶의 근간이다

_프레드리히 니체

CHAPTER 2

도형으로 보는
관계의 미학

○△□S

기업 매출과.
도형의 역학 관계.

●
▲
S

취업난은 어제 오늘의 일이 아니다. 청년 실업도 심각한 사회문제지만, 재취업을 희망하는 중장년 취업도 심각한 문제다. 아버지 세대와 아들 세대가 좋은 일자리를 두고 싸움을 벌이는 꼴이다. 취업 문제는 앞으로 해결될 기미가 보이지 않아 더욱더 답답한 상황이다.

이런 상황에서 힘들게 취업한 신입사원이 이직을 고민하는 경우가 2015년 조사에서 72.8%라 답했다. 10명 중 7명은 1년도 안되어 이직을 꿈꾼다. 이직 원인은 업무 불만족(49.6%)이 가장 많고 다음은 연봉 불만족, 복지후생 불만족이 뒤따랐다. 직원은 물론 이직 문제 때문에 기업도 불만이 많다. "일 시킬 만하면 그만둔다"는 볼멘소리가 들린다. 서로가 손해를 보는 꼴이다.

업무 불만족의 이유는 적성에 맞지 않기 때문이다. 모두가 자기가 원하는 일을 할 수 없지만 유사업무를 할 수 있다면 이직은 줄어둘 것이다. 또한 어린 시절 자신의 성향이나 적성을 알고 전공이나 자격증을 미리 준비했더라면 조금 더 만족스러운 삶을 살 수 있지 않을까? 최근 도형심리검사를 기업에서도 하고 있다. 직원 하나하나의 적성을 판단하기 위한 조치이며 인사이동에 반영한다고 한다.

사람은 자신의 가치관이나 철학, 적성에 맞는 일을 할 때 동기부여가 되며 행복해한다. 다시 말해 자신과 맞지 않는 일을 억지로 하면 업무의욕이 떨어지고 그에 대한 효과도 낮아진다. 반면 자신이 원하는 분야에서 일할 때에는 업무의욕이 증가하고 일에 대한 생산성도 올라간다.

현대 사회는 사람들의 개성이 강조되고 자신의 사고방식, 철학, 라이프 스타일을 중요하게 여기기 때문에 사람들은 자기가 있어야 할 자리에 있을 때 가장 편안해 하고 자신감을 갖는다. 사람에게는 각기 다른 재능과 적성이 있고 그에 맞는 역할이 있다. 문제는 많은 사람들이 자신이 가진 적성과 재능을 잘 모른다는 것이다. 개인 뿐 아니라 기업의 입장에서도 한 사람이 가진 재능과 적성을 발견하여 인재를 발굴하는 일이 중요하다.

유능한 기업인은 인재를 적재적소에 배치한다고 한다. 유능한 기업인이라면 그 자리에 필요한 인재를 발굴하여 제 역량이 발휘

될 수 있도록 만드는 것이 그의 역할이다. TV에 나오는 기업광고를 보면 멋진 기업들이 많다. 분명 그 멋진 광고 속 기업은 보이지 않지만 기업이 잘 돌아갈 수 있도록 자기 자리에서 한 사람 한 사람 모두가 제 임무를 다하고 있을 것이다. 기업 입장에선 직원 동기부여를 위해 많은 노력을 한다. 보너스부터 복리후생 등이 있다. 그렇지만 진정한 동기부여는 자신이 원하는 업무를 배정하는 게 아닐까 생각한다.

역사의 예를 생각해보자. 현대에도 자주 인용되고 있는 삼국지 이야기다. 삼국지 촉나라는 유비, 관우, 장비, 제갈량 등 기라성 같은 인물이 등장한다. 이들은 각 개성에 맞게 자기 일을 충실히 했다. 흔히 장수의 유형을 맹장, 지장, 덕장, 용장으로 구분하는데 유비는 상황에 맞게 잘 이용했다.

용감하게 싸워야 하는 곳에서는 맹장인 장비를 채용했다. 장비는 세모 유형의 담즙질의 특성이 있다. 매우 저돌적이며 자신감이 넘치는 세모 유형의 사람들은 기획하고 추진하는 일에 앞장서길 잘한다.

별천지 서촉에서 나라를 세우자고 주장했던 정치가이자 군사 전문가 제갈량은 지장이라 볼 수 있다. 머리를 쓰는 에스 유형의 흑담즙질로 최대한 효율적인 방법을 고안하여 전투나 정치에 임한다.

역사적 사실을 떠나 백성들이 자기를 따라와 고생한다고 자살까지 시도하려했던 유비는 마음을 헤아리고 어루만지는 덕장이다. 네모 유형의 점액질이다. 네모 유형은 사람들에게 헌신하고 팀을 위해 협력하는 것을 지향하는 사람들로 팀웍을 끈끈하게 만든다.

이렇듯 자신에게 주어진 성향에 따라 일한다면 효율은 극대화된다. 많은 인사담당자들이 도형심리를 공부하고 테스트하는 이유가 이것이다.

한 기업이 하나의 제품을 생산해내려면 많은 관련부서가 필요하다. 기획팀에서는 어떤 제품을 만들 것인가 아이디어를 내고 생산팀에서는 제품을 생산해내고 홍보팀에서는 제품을 대외에 알리는 일을 하며 영업팀에서는 외부에 판매하는 일을 담당한다. 각 부서별로 그 분야에 적합한 사람들이 모여 기업의 이윤을 극대화하기 위해 서로 긴밀히 연결되어 협업한다.

각 부서별로 어떤 유형들이 맞을까. 기획팀에는 아이디어 창출에 뛰어난 에스 유형의 사람들이 적합하다. 생각이 많고 자유로우며 창조성이 뛰어난 이들은 한마디로 아이디어 대가들로 기획팀에서 일할 때 능력 발휘가 잘된다. 생산팀에는 결단력 있고 추진력 있게 밀어붙이는 세모 유형의 사람들이 적합하다. 이들은 성취지향적이며 목표를 세우면 달성하고야 마는 근성이 있기 때문에 생산팀에 어울린다. 총무부에는 차분히 일을 진행하고 추진하는 네모 유형의 사람들이 적합하다. 꼼꼼하며 성급하지 않아서 일을 실수 없이 잘 마무리한다.

홍보팀이나 영업팀에는 말의 기술과 사교성이 좋은 동그라미 유형의 사람들이 적합하다. 영업이란 것은 말의 기술도 필요하지만 사실 밀어붙이는 배짱도 필요하다. 거절을 잘 견뎌내려면 거절에 대한 면역력이 강해야 하므로 권면하면 절망에서 쉽게 빠져나오는 동그라미 유형이 가장 잘 맞다.

실제로 어느 기업에서는 해외영업을 나갈 때 반드시 여러 유형의 사람들로 팀을 구성한다고 한다. 분야별로 재능과 적성이 다른 사람들이 모여 힘을 합하여 서로 시너지 역할을 하면서 일의 효과를 극대화시킬 수 있기 때문이다.

직장 스트레스로 상담을 받으러 온 내담자 A가 있다. A는 전기기술자로 터널 전기안전관리를 하고 있다. 업무 특성상 사고만 나지 않으면 큰 문제가 없는 보직이다. 연봉도 괜찮고 가정을 꾸리며 성실한 가장으로 살고 있다.

A가 받은 스트레스는 다름 아닌 업무 스트레스다. 사무실에 비치된 배전반 모니터를 보는 일이다. 이상이 생기면 관리업체에 전화를 걸고 감시만 하면 끝이다. 비나 눈, 사고가 나면 긴장하지만 나머지는 큰 변동이 없는 업무다. A의 유형은 동그라미 유형의 다혈질이다. 하루 종일 숫자를 보는 직업과는 맞지 않다. 그게 스트레스다. 누구는 편안 일이라 하지만 A는 곤혹이다. 전에 산과 도시를 누비며 전기공사를 했던 시절이 재미있었다. 결혼을

해서 일정한 곳에 머물게 되었고, 지금의 업무를 시작한 것이다. A가 답답한 건 가족부양 문제로 그만둘 수가 없다는 것이다.

나는 A에게 유형과 기질을 설명했다. A 역시 자신의 성향을 알고 있었다. A는 답답함과 괴로움으로 저녁에 술을 찾았다. A에게 운동을 권하는 건 의미가 없을 거라 판단했다. 그 정도는 본인도 알고 있었을 것이다. 그에게 주말에 전국을 돌아다닐 수 있는 취미를 만들어보는 게 어떻겠냐고 조언했다. 큰 카메라를 사서 사진을 찍는 것도 좋고, 일정한 테마를 정해서 하는 여행을 추천했다. 그게 그의 유형이며 성격이다.

상담을 한 후 얼마가 지나고 그에게 전화를 했다. A의 목소리는 한결 밝아졌다. 고등학교 때 역사관련 동아리를 들었다고 했다. 추억을 살려 아이들과 역사여행을 떠난다는 것이다. A는 방문할 곳을 미리 공부하고 아이들에게 알려주었다. 아이들은 아버지를 존경스러운 눈빛으로 본다고 설명했다. 나는 이왕이면 책으로 출간할 수 있도록 체계적으로 정리해보는 것이 어떤지 말했다. A는 해보겠다고 했다.

개인의 활력은 기업의 활력으로 이어진다. A의 활력은 지금 일하는 곳에 활력이 될 것이다. 주말에 역사여행을 다니기 위해 평일에 더 집중해서 근무할 거라 생각된다.

곳곳에서 취업난을 볼 수 있다. 반대로 곳곳에서 이직을 하겠다고 다짐을 한다. 둘의 미스매칭으로 사회적으로 손해가 크다.

끌리는 도형이 인생의 답이다

스스로 성향이나 기질, 특성을 알 수 있는 도형심리검사를 통해
업무의 효율을 극대화하면 얼마나 좋겠는가.

도형 속에,
당신의 진짜 직업이 있다.

●
▲
S

끌
리
는
도
형
이
인
생
의
답
이
다

우리는 자기소개를 할 때 대부분 "안녕하세요. ○○회사에서 ○
○업무를 맞고 있는 ○○○입니다"처럼 직업을 앞에 두고 자기를
소개한다. 직업을 앞에 두는 이유는 여러 가지가 있겠지만 직업과
자신을 동일시 여기는 성향이 강하다고 볼 수 있다.

실제로 우리 삶은 직업이 많은 부분을 차지한다. 보통 직업을
가진 사람들의 삶은 다음날 일하기 위해 저녁에 휴식을 취하고,
일주일 온전히 일하기 위해 주말에 휴식을 취한다. 또한 일하기
위해 식사를 챙겨먹고 일하기 위해 잠을 잔다. 직업군에 따라 다
르지만 대부분 행동들이 직업 중심으로 돌아간다. 그래서 직업은
'나'이며 그 사람 자체라 볼 수 있다.

행복도에서도 직업이 차지하는 부분은 절대적이다. 생계는 물

론 최고의 행복을 누리게 하는 자아실현도 직업을 통해 이룰 수 있다. 직업이 없다면 자아실현은 불가능하다. 과거 직업에 대해 왜곡이 심했다. 말 그대로 먹고살기 위한 수단이었다면 지금은 달라졌다. 직업은 나는 물론 가족의 생계를 책임지면서 나란 존재를 세상에 알리는 중요한 수단이며 자아실현을 시켜주는 존재로 변했다. 앞에서도 말한 이직률이나 직업 불만도를 생각하면 직업 때문에 행복이 좌우된다는 사실을 알 수 있다.

기계화, 자동화되면서 좋은 직업에 대한 경쟁이 심해지고 있다. 좋은 직업 기준은 천차만별이지만 경제적 요소는 큰 부분을 차지한다. 즉 연봉 높은 직업은 모든 사람의 꿈이고 로망인 셈이다. 그렇지만 경제적인 부분이 진짜 전부일까?

"연봉을 버리고 칼퇴를 얻었다."

모 신문에 나온 인터뷰다. 굴지에 IT기업을 다니고 있지만 잦은 야근과 업무 강도, 사람간의 마찰이 심했다. 스트레스로 폭음과 가정불화가 심했다고 했다. 그는 10년간 일한 직장과 연봉을 버리고 적성과 저녁이 있는 삶을 찾았다. 직업 선택에 경제적인 부분이 절대적이지만 전부라고는 볼 수 없다. 결국 개인의 직업관과 기질에 따라 가는 법이다.

요식업을 창업한 지인 남편이 있다. 그의 경력상 요식업 경험은 전무했다. 취미로 요리를 했을 뿐이다. 창업과 취미는 천지차이다. 그렇지만 요리할 때가 가장 행복하다고 말했다. 오픈식이 끝나고 다른 지인들과 함께 방문했다. 지인 남편은 표정이 한결 좋아졌다. 아마도 행복한 일을 해서 그런 것 같다. 다행이 동네에 평판이 좋아 장사도 잘되는 편이다.

처음 가게를 하고 싶다고 말했을 때 10명 중 10명이란 표현이 맞을 정도로 반대했다. "세상물정 모른다.", "무슨 바람이 나서 창업이냐." 등 말도 많았다. 그러면서 돈도 잘 벌고 있으면서 왜 갑자기 그만두느냐 남들한테 창피하지 않겠느냐 등 수많은 걱정을 들어야 했다. 주변 사람 말도 맞는 것이 지금 창업 폐업률을 생각하면 위험한 시도이며 자녀가 이제 학교에 들어갔는데 돈 들어갈 일 많다고 반대하는 것도 당연했다. 그래서 경험 삼아 작은 분식점을 내게 되었다고 했다. 다행이 지인은 나와 같은 상담사로 남편의 기질과 적성을 잘 알고 있었다. 지인은 남편이 계속 농원에서 일을 한다면 아마도 병에 걸릴 거라며 우스갯소리로 창업을 허락했다고 했다.

지인의 말을 들어보니 원래 남편은 요리사가 되려다 부모님의 만류에 포기하고 농원을 물려받기 위해 부모님 일을 도왔다고 했다. 농원 일을 하는 것은 어떻게 해낼지 몰라도 자기와 맞지 않는 일은 분명 힘들었을 것이다.

지인과 함께 지인 남편이 만든 음식을 먹고 있는데 마침 남편의 선배라는 사람이 왔다. 선배와 지인 남편은 서로를 껴안아주고 아슬아슬한 농담도 주고받으며 즐거워했다. 부모님의 가업을 잇

끌리는 도형이 인생의 답이다

는 것도 삶에 의미가 있지만 작은 가게일지라도 자기가 하고 싶은 일을 하며 고객과 교감을 나누는 것이 지인 남편에게 더 어울리는 모습이라 생각했다. 지인 남편은 너무 늦지 않게 자신에게 어울리는 직업을 찾게 돼서 참으로 다행이다.

요즘은 직장을 가지지 말고 직업을 가지라고 말한다. 이제는 평생직장이 아니라 내가 하고 싶은 것, 내가 잘할 수 있는 것을 직업으로 삼아 여러 가지 일을 동시에 하는 시대가 왔다. 직업을 스스로 만드는 창직도 유행이다. 창직은 기존의 직업이 아니라 시대에 흐름에 맞춰 자기의 특성과 재능을 이용해 새로운 직업을 창출해 내는 것이다.

그리스의 유명한 서정시인 핀다로스Pindaros는 "본래의 너 자신이 되라"고 외쳤다. 나 자신을 아는 것을 넘어서 본래의 나 자신이 된다는 것은 바로 실행한다는 것이다. 나의 본질을 찾고 내게 맞는 일을 할 때 사람은 열정을 가지게 되고 집중하게 되며 더욱더 전문성을 키울 수가 있다.

그럼 과연 나에게는 어떤 직업이 어울릴까? 내게 어울리는 직업을 찾기 위해 히포크라테스의 기질론을 직업과 연관지어 생각해볼 수 있다. 이미 기질로 그 사람의 성향을 알아볼 수 있음은 설명하였으며 고대에도 기질의 중요성을 간파하여 여러 곳에서 응용했음을 밝힌 바 있다.

선천적 기질에 따라 적성도 알아볼 수 있다. 다음 도형별로 어

도형으로 보는 관계의 미학

떤 적성을 가지고 있으며 그에 어울리는 직업에는 무엇이 있는지 살펴보자.

○ 동그라미(다혈질)

이 유형의 사람들은 화사한 파스텔과 열정의 레드칼라 같은 사람들로 사람을 좋아해서 '사람'과 관련된 일을 하면 좋다. 분위기를 잘 이끌고 환경에 적응을 잘해서 혼자 하는 일보다는 여럿이 함께 하는 일이 좋다. 언어의 마술사 같은 재주가 있어 남을 설득하거나 감동을 잘 주므로 말을 하는 직업에도 잘 맞는다.

감정표현이 솔직하며 사람의 감정을 잘 읽고 공감을 잘하므로 상담일도 좋다. 주목받는 것을 즐기는 편으로 남들 앞에 서는 직업도 좋다. 그러나 '사람의 관계'에 중심을 두기 때문에 관리 감독하는 자리에는 그다지 어울리지 않는다. 사람이 너무 좋다보니 단호함이 필요한 시점에서도 인간관계에 마음이 약해서 회사를 경영하는 것을 힘들어 한다. 대신 불우하거나 상처받는 사람들을 도와주는 조력자 역할을 한다.

직업 분야

상담사, 영업직, 예능인, 간호사, 의사, 트레이너, 연설가, 강연가, 홍보마케팅 등

풀리는 도형이 인생의 답이다

△ 세모(담즙질)

이 유형의 사람들은 원색의 선명함을 지닌 사람들이다. 짙은 녹음과 태양이 작열하는 여름의 열기처럼 열정적인 사람들로 남을 이끄는 경영에 잘 맞는다.

'일'을 중심에 놓고 결과를 지향하기 때문에 책임감이 강하고 자신감이 있으며 결단력이 뛰어나 리더의 역할을 잘한다. 최고 위치가 아니더라도 책임감과 리더십을 발휘한다. 그래서 서비스 계통보다 기획이나 경영, 전략지원팀에서 일하는 게 적합하다.

하지만 소신이 강하고 고집이 세기 때문에 일방적으로 조직을 통제하려고 한다면 다른 유형의 사람들이 힘들어 한다. 일의 성과를 위해 다른 사람의 조언에도 경청하는 자세가 필요하다.

직업 분야

사업가, 관리자, 정치가, 군인, 의사, 기획가, 법조인, CEO, 감독 등

□ 네모(점액질)

이 유형의 사람들은 무르익은 가을 햇살처럼 넉넉함이 풍기는 사람들로 편안한 분위기를 좋아한다. 세상이 평화롭게 흘러간다면 더 욕심내지 않는 사람들로 앞에 나서는 걸 싫어하고 혼자 묵묵히 일하는 손과 발의 실천형 사람들이다.

다른 사람들과의 평화를 위해 자신의 속마음을 잘 드러내지 않으며 과묵하게 자기 일에만 전념한다. 자기에게 주어진 업무에 대하여 꼼꼼하고 차분하게 완수해내며 자신의 분야에 대한 지식이 해박하다. 이들은 경영이나 홍보 마케팅보다는 회계 관리나, 체계적인 행정직에 잘 맞는다. 자신의 얘기를 잘하진 않지만 남의 이야기에 경청을 잘하고 남의 감정을 잘 읽으므로 상담이나 사회복지분야에도 잘 어울린다.

현실적이며 실제적인 정보를 좋아하는 사람들로 근거 있는 말을 하기 때문에 이들의 말은 믿을 만하다. 협력 동조자의 역할을 잘하고 사람 사이의 벌어지는 틈을 메꿔주는 접착제 같은 역할을 한다.

직업 분야

행정가, 교사, 교수, 외교관, 회계사, 컴퓨터 프로그래머, 편집자, 사회복지사, 상담사 등

S 에스(흑담즙질)

이 유형의 사람들은 겨울의 고독한 철학자와 같다. 표정은 무심한 듯 굳어 있는 사람이 많지만 언제나 가슴속은 요동치는 감성으로 가득하다. 그래서 여럿이 함께 일하는 것보다 혼자 업무를 맡아 하거나 어느 정도 독립적인 공간이 허용되는 곳에서 일하는 것

이 좋다. 창의력이 뛰어나 개인적인 재능 발휘가 될 수 있는 부서나 연구개발팀에 적합하다.

에스 유형의 사람들은 항상 새로운 변화를 모색하기에 끊임없는 아이디어를 생각해내는 사람들이다. 우뇌가 가장 발달한 사람들로 직관적으로 떠오르는 새로운 아이디어를 많이 내놓는다. 조직 생활에 체계적으로 적응하는 네모 유형과는 달리 에스 유형은 조직 생활이 힘들기 때문에 구속되어서 일하는 것보다 질서가 있되 자유로움이 보장된 환경에서 일해야만 더 능률이 오른다.

직업 분야

과학자, 디자이너, 연구원, 성직자, 예술가, 철학자, 발명가, 연예인 등

도형으로 보는 관계의 미학

소통이 쉬워지는.
도형 대화법.

●
▲
S

모기업에서 재택근무 비율을 30% 높인다는 뉴스가 나온 적 있다. 스마트폰부터 화상통화, 실시간 메신저 등 IT기술은 재택근무를 할 수 있도록 충분히 성숙된 상태로 많은 직업에서 재택근무 시대가 올 거라고 예상했다.

그렇지만 재택근무가 쉽게 자리 잡지 못하고 있다. 이유는 소통 때문이다. IT기술로 업무에 필요한 언어적 소통은 될 수 있지만, 감정적 소통을 할 수 없어 업무 효율이 낮다는 것이다. 근무에 필요한 동기부여, 업무에 필요한 다양한 감정을 공유할 수 없다는 설명이다. 그래서 다시 출근을 시킨다고 한다.

재택근무 소동에서 보듯 소통은 정말 중요한 문제다. 어쩌면 지금 일어나는 많은 문제는 소통의 문제가 아닐까 생각한다. 서로가 서로의 입장을 정확히 말하고 충돌이 일어나기 전 소통을 통해 중재안을 찾았다면 문제가 발생하지 않았을 것이다. 말 그대로 말로 잘 해결될 수 있는데도 폭력이나 범죄로 이어진다.

소통이 부재한 여러 이유가 있지만 서로간의 소통 스타일을 모르는 경우가 많아서다. 사람은 각자의 소통 스타일이 있다. 소통 스타일을 이해하지 못하면 다름을 인정하지 못하고 싸움이 난다.

얼마 전 50대 중반의 여성과 상담을 했다. 심리상담이라기보다 이혼상담에 가까웠다. 자녀도 다 컸으니 이제 이혼하고 싶다는 것이다. "마음에 숯이 있다면 한가득입니다." 그녀는 남편 때문에 속상함을 넘어 끝내고 싶은 마음이라 했다. 이유는 남편의 대화 자세 때문이었다. 남편은 정공법으로 말하는 스타일로 문제가 있다면 즉시 지적하고 개선을 요구한다. 아내의 스타일은 일단 상황을 지켜보고 신중히 대화를 시도한다. 신사적이지만 시간이 많이 걸린다.

남편의 정공법 대화로 아내는 상처를 많이 입었다. 남편은 기억나지 않기에 상처받지 말라 다독였지만 세월이 쌓이다 보니 큰 상처가 된 것이다. 다음 상담 때 남편을 모시고 오라고 했다. 남편은 툴툴거리며 상담을 받으러 왔다. 정공법 소통을 하다 보니 "왜 이런 것을 받는지 모르겠다." 하며 나에게도 따지고 들었다. 이혼하면 생기는 이해 관계를 잘 설명하자 남편은 경청을 시작했다. 기질이나 성향은 쉽게 바뀌는 것이 아니어서 남편의 대화 스

도형으로 보는 관계의 미학

타일을 무조건 바꾸라 말할 수 없었다.

우선 아내에게 남편 스타일을 잘 설명했다. 남편에게도 아내는 정공법 대화를 하지 않으니 문제가 있다면 대화의 장으로 오게 하는 방법을 배우라 조언했다. 최근 남편은 부부학교를 다니며 대화법을 배우고 있다. 서로가 서로의 대화 스타일을 알았다면 30년 넘게 상처받지 않고 중재 방법을 알았을 것이다. 안타깝지만 지금이라도 배우겠다하니 다행이다.

소통의 중요성은 아무리 강조해도 부족하지 않다. 우선 내 소통 스타일을 파악하고 상대의 소통 스타일을 알아 조화로운 소통이 될 수 있도록 하자.

○ 동그라미의 언어

"정말 어쩜!"
"오! 세상에!"
"맙소사! 그렇구나!"

동그라미 유형의 대화 속에는 감탄사가 끊이지 않는다. 세상에 감탄사가 없었다면 아마 동그라미 유형의 사람들은 지루해서 견디지 못할 것이다. 자기의 감정을 표출하기에 감탄사는 아주 제격이다. 허풍이 아닐까 여겨질 정도로 과장하여 말도 잘하고 옆에 있는 사람을 툭툭 치거나 팔짱을 끼는 등 신체접촉을 하면서 말하길 좋아한다. 그들의 맞장구로 인해 언제나 대화 분위기가 화기애애하다.

이들과 대화할 때는 맞장구를 쳐주는 것이 좋다. 간간히 감탄사도 터트리며 호응해준다면 자신이 인정받고 있다는 생각에 더욱 말을 잘한다. 우뇌형인 사람들로 시각을 담당하는 후두엽이 발달하여 대화할 때 시선을 많이 마주친다. 보통 사람들이 서로 시선을 응시하는 비율이 평균 80% 정도라고 하니 너무 오래 빤히 쳐다보는 것은 사람들이 불편해 하므로 주의해야 한다.

말솜씨가 좋지만 말이 너무 많아서 실수하는 일이 종종 있으며 급하면 남의 말을 중단하고 말할 정도로 말이 많으므로 말의 절제력이 필요하다. 감정을 절제하지 못하고 욱하고 내뱉는 말 때문에 상처를 많이 주지만 뒤끝이 없는 사람들이다. 그들도 금방 후회하고 잊어버리니 혼자 너무 오래 화를 품고 있을 필요는 없다.

자신이 동그라미 유형이라면 내가 쉽게 내뱉는 말 때문에 상대에게 씻을 수 없는 상처를 입힐 수도 있다는 사실을 명심해야 한다. 이 유형의 사람들은 대화를 통한 회복탄력성이 높으므로 관심을 많이 보여주며 대화를 하는 게 좋다.

△ 세모의 언어

"그래서 하고 싶은 말이 뭐야? 본론만 말해."

" 할거야? 말거야?"

" 딱 잘라 한마디로 말해."

세모의 언어 사용법은 매우 간결하다. 이것 아니면 저것 하는 식의 이분법적으로 말하길 좋아하여 말투가 다소 딱딱하고 위압적일 때가 있다. 직선적이고 솔직하며 주로 남을 통제하거나 지시하는 듯한 말투를 잘 쓴다.

세모의 합리적이고 생산적인 말투는 감수성이 예민한 사람에게는 냉정하게 들릴 수 있다. 이들과의 대화에는 되도록 빠르고 간결하게 요점만 말하는 것이 좋다. 에둘러 말하거나 애매하게 말하는 것을 아주 싫어한다. 핵심이 무엇인지 빨리 파악하여 간단명료하게 본론부터 먼저 말하라. 성격이 급하기 때문에 말을 길게 하면 도중에 말을 중단시킬 수도 있다.

좌뇌형인 사람들로 전두엽이 발달했으며 꿈과 동기부여가 확실하고 목표를 잘 세우기 때문에 결정을 잘 못내리는 사람을 답답해하고 빠른 결과를 원한다. 그런 세모의 말투를 오히려 시원시원하게 느끼는 사람들도 있는데 남 앞에서 자기 의견을 잘 표현하지 못하거나 소심한 사람인 경우에 세모의 그런 용기와 확실함을 부러워한다.

풀리는 도형이 인생의 답이다

하지만 한편으로 세모의 강한 말투로 인해 속으로 위축될 수도 있다. 그럴 때에는 겉으로라도 자신감 있게 당당한 척하는 것이 필요하다. 자신이 세모 유형이라면 솔직하고 직선적인 말투로 인해 상대방이 기분 나빠할 수 있다는 사실을 명심해야 한다.

□ 네모의 언어

"결정을 잘 못하겠어요."
"어떻게 하면 좋을까요?"
"시간이 좀 더 필요해요."

네모 유형의 사람들의 말투는 다소 느린 편이며 말수도 적다. 하지만 한 번 말문이 트이면 말을 너무 많이 하며 자신은 웃지 않고 농담도 잘하는 이면을 갖고 있다.

자신의 감정을 잘 드러내지 않으며 상대방의 말을 더 많이 듣는 편이다. 그래서 이들에게 자신의 문제를 고백하거나 상담받는 사람들이 많다. 이들과 대화할 때는 천천히 서두르지 말고 이야기하는 것이 좋다. 신뢰를 중시하므로 본론을 이야기하기 전에 공감적인 대화를 먼저 한 후 논리적인 말과 근거 있는 말로 이야기하자. 한 번 내린 결정을 잘 뒤바꾸지 않으므로 그 이전에 대화를 시도해야 마음을 움직일 수 있다. 뜬구름 잡는 말보다 실제적인 말을 좋아한다. 이들은 비폭력 대화를 추구한다. 갈등을 싫어해 화내는 말도 잘하지 않으며 남들 앞에서 솔직하게 반대 의견이나 불만을 말하지 못하고 나중에 혼자 후회하기도 한다.

좌뇌형인 사람들로서 측두엽 위쪽에 있는 베르니케라는 영역의 발달로 과거 기억능력이 뛰어나다. 그래서 과거에 있었던 일들에 대해 생기는 분노나 화 같은 감정들을 쉽게 지우지 못하고 마음속에 담아두는 일이 많다. 묵은 감정이 한계에 도달하면 나중에 한번에 표출해내는 경향이 있다. 건강을 위해서라도 네모 유형은 솔직하게 마음을 드러내야 한다.

S 에스의 언어

"왜 그럴까?"

"어디론가 떠나고 싶어!"

"나 때문인 거 같아!"

이 유형의 사람들은 생각이 너무 많아서 비관적이며 부정적인 말을 많이 한다. 한마디의 말에도 너무 많은 의미부여를 하며 혼자 괴로워하거나 자책을 잘한다. 감성이 풍부한 대신 그만큼 예민하다. 이들에게는 말 한 마디라도 신중하게 하라. 별거 아닌 작은 말에도 상처받기 쉽다. 한 번 받은 상처는 오래 간다. 감정기복이 심한 편이므로 대화할 때 마음을 섬세하게 다루어야 한다.

완벽주의적인 면이 강해서 매우 기준이 높고 구체적이라 형식적인 말과 칭찬은 오히려 기분을 안 좋게 만들 수 있다. 칭찬을 하더라도 정확하고 구체적으로 해야 믿는다. 예를 들어 "물방울 패턴이 들어간 보랏빛 스카프가 정말 잘 어울리네요." 하는 식으로 말이다.

만약 이 유형에게 충고나 조언을 해야 한다면 단도직입적인 말보다 세세하면서도 부드럽게 설명하라는 것이 좋다. 보통 그렇게 하지 않아도 될 것을 사서 걱정하고 자신을 비하하며 비관적으로 말하는 경우가 많기 때문에 당신 때문이 아니라고 격려해주는 것이 필요하다.

소통이 어려운 사람을 유심히 관찰하고 그의 성향과 기질을 찾는다면 소통 때문에 생기는 문제를 미연에 방지할 수 있을 것이다.

도형으로 보는 관계의 미학

도형 안에,
인간관계의 답이 있다.

●
▲
S

"인간은 관계하는 수만큼 사회적 자기를 가진다."

현대 심리학의 아버지 윌리암 제임스William James의 말이다. 우리는 태어나면서 부모로부터 시작해 다양한 인간관계를 맺으며 살아가며, 그러한 인간관계는 죽기 직전까지 이루어진다. 수많은 인간관계 속에서 만나면 득이 되는 사람도 있고, 그저 그런 사람, 만나면 상처만 받는 사람이 있다. 만나는 사람마다 나에게 득이 된다면 좋겠지만 때에 따라 상처 주는 사람도 만나야 할 때가 있다.

상처 주는 사람을 만날 때 스트레스가 많으면 마음의 병이 생긴다. 심리상담을 할 때 많은 부분이 사람 관계 상담이다. 업무나 성격에 따른 상담은 많지 않다. 우리는 사람 때문에 울고 사람 때문에 웃으며 사람 속에서 살아간다.

"그런 사람일줄 몰랐다." 누군가에게 한 번쯤 들어본 말이다. 겉모습과 다른 행동이나 말을 할 때 종종 하는 말이다. 사람의 속마음이나 성향을 알았다면 상처를 적게 입거나 적절한 대처를 했을 것이다. 그렇지만 사람의 진짜 속마음은 알기 어렵다. 서로의 이익이 충돌되고 목적이 다른 사람이 모여 있다면 속마음은 더욱 알기 힘들다.

사람을 만날 때 이상하게 마음이 끌리고 편안한 사람이 있다. 성향이 비슷하기 때문이다. 내가 갖고 있는 걸 상대도 갖고 있다는 편안함 말이다. 반대로 불편하고 거북한 사람이 있다. 이 역시 성향이나 개인 기질이 나와 많이 다른 경우다. 사회 생활을 하다 보면 편안한 사람만 만날 수는 없다. 너무 달라 불편함과 스트레스를 많이 받는다면 100%는 아니더라도 가급적 피할 수 있으면 피하고 만난다 해도 짧게 만나는 것이 좋다.

행사지원으로 봉사활동을 갔다가 겪은 일이다. 큰 행사로 여러 봉사단체가 참여했다. 다른 소속 어느 봉사자가 툴툴거리며 옆에 있던 친구 봉사자에게 말을 토해냈다. 짜증이 난 목소리로 주변 사람을 아랑곳 하지 않았다. 나 역시 듣기 싫어도 들어야 했던 상황이다. 사연인즉 같이 있는 봉사자가 빼질거려 보기 싫다는 것이다. 회장이나 높은 사람만 오면 갑자기 나타나 인사하고 체력을 써야하는 봉사는 바쁘다는 이유로 피하는 모습이 아주 얄미워서 못 보겠다고 말했다. 가만히 듣던 나는 이해할 수 없었다. 봉사는 누군가 강제하는 것도 아니고 스스로 선택해서 하는 봉사인데 상처를 입을 필요도 없으며 그 사람이 싫으면 떠나면 그만인데 상처까지 입고 있으니 말이다.

이렇게 우리는 알게 모르게 입지 않아도 되는 상처를 입는 경우가 있다. 당당히 '노우'를 외칠 수 있고 싫어하는 상대를 거부할 줄도 알아야 한다. 이런 일을 미연에 방지할 수 있는 방법은 나의 기질이나 성향을 알고, 상대의 정보를 파악하는 일이다. 다음은 도형으로 사람의 유형을 보고 자신과 맞는 사람을 찾아보자.

O 동그라미의 대인관계

동그라미 유형의 사람들은 4가지 유형 중에 마음이 가장 많이 열려진 사람들이다. '조해리의 창'에서 보면 창문이 가장 많이 열려진 사람들이다. 창문이 열려져 있으면 밖에서 내부를 들여다보기 쉬운 것처럼 자신을 많이 공개하기 때문에 다른 사람들에게 자신의 행동이나 지식, 태도 등이 모두 인지된다.

처음 보는 사람에게도 스스럼없이 먼저 다가갈 만큼 사교성이 좋아 사람들과 교류를 잘한다. 간혹 서둘러 다가가서 상대방을 당황하게 만드는 경우가 있다. 너무 빠른 속도는 상대가 준비할 시간이 부족하므로 상당히 부담스러워 할 수 있으며 결국 서로 상처가 되기도 한다. 동그라미 사람들은 처음 만나도 다른 유형에 비해 편안함을 느끼게 한다. 다가서기 쉬운 사람들로 모든 사람들에게 친절하고 마음을 잘 나누기 때문에 만인의 연인이라 불린다.

사람이 좋아 누구랑 함께하느냐가 중요한 사람들이다. 사소한 모임이나 쇼핑, 수다 등도 대인관계에서 중요한 사회 생활이라 여긴다.

반면 내가 베푼 친절만큼 자신도 그만큼 받고 싶어 하며, 그것이 되돌아오지 않을 때는 자신에게 관심이 없다고 여기거나 인정받지 못하는 것으로 받아들여 매우 상심한다. 이 사람들에게 에너지는 '관심과 칭찬'이다. '사람'에게 초점이 맞추어져 관심이 늘 사람과 외부를 향해 있다. 동그라미가 당신의 유형이라면 적절한 자기 개방은 신뢰를 쌓는데 유용하지만 지나친 자기 개방은 오히려 상대방으로 하여금 부담을 갖게 할 수 있으니 주의하라.

△ 세모의 대인관계

세모 유형의 사람들은 동그라미 유형만큼 폭 넓은 인간관계를 맺는다. 하지만 두 유형 사이에는 차이가 있다. 동그라미 유형이 사람 관계에 순수한 열정을 쏟는다면 세모 유형의 사람은 사람의 영향력을 살피면서 보상이 따르지 않으면 관계를 잘 맺지 않는다.

나에게 이익이 있는 사람들 위주로 관계를 맺다 보니 인간관계가 피상적일 때가 많아 정작 사람이 그리울 때 마음을 나눌 수 있는 대화 상대가 적어 속으로 외롭다.

'조해리의 창'에서 보면 남들은 다 보는데 자기 자신만이 자신에 대해서 알지 못하는 부분이 많은 사람들이다. 다른 사람은 나의 어떤 면을 인지하는데 나만 그것을 모르는 나의 다른 자아를 가진 사람들이다. 대인관계 시 솔직하고 시원시원하게 대하지만 자신이 최고라고 믿기 때문에 남의 말을 잘 경청하지 않아 자신에게 있는 결점이나 단점 등 문제점을 잘 알지 못한다.

대화의 기본은 경청이다. 다른 사람들과 진솔하게 마음을 열고 귀 기울이는 자세가 필요하다. 안 그러면 독단적이고 독선적으로 비춰지기 쉽다. 세모 유형은 사람을 잘 리드하고 카리스마가 강해서 앞날을 도모하는 면에서 훌륭한 동기부여가이다.

□ 네모의 대인관계

네모 유형의 사람들은 대개 타인에게 호의적이고 협력적이다. 관계를 평화롭게 이끌어가고 싶어 하기 때문에 공동체 내에서의 갈등을 아주 힘들어한다. 그러한 상황이 오면 피하거나 주로 참는다. '조해리의 창'으로 보면 마음이 숨겨져 있는 부분이 많다. 내 스스로는 나에 대해 알지만 타인은 나에 대해 잘 모른다. 마음의 창에 커튼이 가려져 있어서 다른 사람들이 들여다 볼 수 없다.

　다른 사람의 말에는 잘 경청하고 공감을 잘하지만 정작 자신의 약점이나 단점 등은 잘 말하지 않으며 타인에게는 숨기고 있는 자아가 있다. 자신의 감정을 누르는 이유는 모든 대인관계를 원만하게 유지하고 싶은 바람에서 비롯된다. 겉으로 보면 그래서 늘 평온하거나 착한 이미지의 사람들이다. 사람과 교류할 때 섣부르게 하지 않는다. 하나하나 신뢰를 쌓아가면서 천천히 신중하게 관계를 형성해 간다. 모든 사람에게 친절하고 협력적일 것 같지만 사실은 자기 테두리 안에서 익숙한 사람들을 편해한다.

　자기 기준에 맞지 않는 사람은 마음속에서 삭제시켜 버리기 때문에 진정으로 교류하는 사람은 적은 편이다. 관계지향형 사람들로 공감적 지지를 받을 때 마음이 움직이며, 현실적으로 예측가능한 일들을 선호하기 때문에 너무 앞서거나 너무 빠른 속도의 상호교류는 지양하는 게 좋다.

S 에스의 대인관계

가장 신비주의에 가까운 유형을 들라고 하면 단연코 에스 유형의 사람들이다. 그만큼 다가서기 어렵고 까다로운 사람들이다. 얼굴 표정 변화도 많지 않아 속으로 무슨 생각을 하는지 알 수 없다. 가장 알기 어려운 유형으로 독특한 자기만의 세계를 가지고 있는 비사교적인 사람들이다. 혼자 있는 것을 편해하거나 마음에 맞는 소수의 사람들과 교류하길 원한다, 사람이 많이 모여 있는 곳에 가면 쉽게 지친다. 떼를 지어 예고 없이 찾아가면 이 사람들은 난감하여 어쩔 줄 몰라 한다. 거의 사람을 잘 사귀지 않지만 한 번 신의로 맺어진 관계는 끝까지 유지한다.

'조해리의 창'으로 보면 이 유형의 사람들은 자신도 모르고 타인도 모르는 비밀스런 미지의 창을 가진 사람들이다. 나도 인지 못하고 타인도 인지 못하는 영역을 가지고 있기 때문에 더욱더 잠재의식을 이끌어 내거나 타인과의 상호교류를 위해 노력해야 한다. 감정의 결이 매우 예민하고 섬세하여 자극을 쉽게 받고 오랫동안 생각한다.

감정적으로 비관적이 되기 쉽기 때문에 마음이 약해져 있을 때 너무 오래 혼자 있으면 늪에 빠질 수도 있다. 내키지 않더라도 자꾸 다양한 사람들을 만나서 다양한 대화를 시도해보는 것이 좋다. 디테일한 에스 유형에게 시간을 주지 않는 성급한 접근과 요구는 절대 금물이다.

인간관계가 힘들다고 무작정 피할 수 없다. 나를 파악하고 상대를 파악해 적극적으로 대체하여 좋은 인간관계로 나아가는 방법을 도형으로 파악해보자.

끌리는 도형이 인생의 답이다

사회 생활을 하다 보면 편안한 사람만 만날 수는 없다.
너무 달라 불편함과 스트레스를 많이 받는다면
100%는 아니더라도 가급적 피할 수 있으면 피하고
만난다 해도 짧게 만나는 것이 좋다.

사람은 오로지 가슴으로만 올바로 볼 수 있다.
본질적인 것은 눈에 보이지 않는다.
_생텍쥐페리

CHAPTER **3**

나를
만나는 시간

○△□S

나는 어떤 도형으로, 살고 있는가.

●

▲

S

조금은 여유 있는 시간에 지하철 타는 일이 즐거울 때가 있다. 앞에 앉아 있는 사람들 모두 생김새가 다르기 때문이다. 얼굴을 보며 속으로 생각한다. 저 사람은 무슨 사연을 가지고 있을까?, 저 사람의 과거는 무엇일까? 상상하는 것만으로도 즐겁다. 그래서 세상에서 가장 재미있는 구경이 '사람 구경'이라 한 것 같다. 사람 구경이 재미있는 건 모두가 다르기 때문이다. 살아가는 모습은 비슷할 수 있어도 자세히 보면 모두가 다른 삶을 살아간다. 다른 사람이 함께 모여 더불어 살아가며 변화하고 발전하는 게 인생살이의 참맛이 아닐까 생각한다.

대한민국 사람 모두는 바쁘다. 학원을 몇 군데 다녀야 하는 10대부터 은퇴해서도 일자리를 찾아야 하는 어르신들까지 모두가 바쁘게 살아간다. 바쁘게 산다는 건 긍정적인 일이다. 그렇지만 일에 치이고 사람에게 치이면서 바쁘면 이야기가 다르다.

2016년 유엔 산하 자문기구 지속가능 발전 해법 네트워크SDSN가 세계 행복보고서를 발표했다. 건강, 수명, 사회적 지원, 사회적 신뢰, 선택의 자유, 관대함 등 6가지 지표로 조사를 했는데 한국은 157개국 중 58위로 나왔고 경제대국 일본은 53위로 나왔다. 일본 경제를 이끈 '샐러리맨의 희생'을 생각하면 바쁜 삶과 행복은 연결되지 않는다는 것을 알 수 있다.

행복의 기준은 천차만별이다. 누구는 경제적 풍요, 누구는 여유 있는 삶, 누구는 봉사활동으로 행복을 느낀다. 자신이 어떤 것에 행복을 느끼는지 알기 위해선 나를 제대로 파악해야 한다. 나의 기질은 무엇이고, 나의 성향은 무엇인지 말이다. 나의 성향으로 추구하는 가치가 저마다 다를 수 있다. 이 역시 도형으로 파악할 수 있다.

○ 사랑스러운 열정의 주인공 동그라미

동그라미는 다혈질의 외향적인 사람이다. 한자로는 피가 많기 때문에 열정적이며 성격이 급하다고 풀이한다. 내면의 감정을 잘 숨기지 못하고 욱하는 성질이 있어서 말이 앞서지만 뒤끝이 없는 사람들이다. 속마음은 아주 따뜻하고 인정이 많다. 삶에 있어 이들이 가장 중요하게 여기는 것은 '사람'과 '현재'이다.

자신의 내면의 문제보다 다른 사람의 문제에 더 관심이 많으며 지난 일은 잘 잊는 편이고 현재를 즐기며 사는 사람들이다. 다정 다감한 성격 때문에 많은 사람들이 좋아하고 밝고 사교적이어서 주위에 사람들이 많다. 동정심이 많아 어려운 사람을 그냥 지나 치지 못하고 온정을 베풀며 도와준다. 즉흥적으로도 말을 잘하여 사람 마음을 잘 움직이며 분위기를 잘 띄운다. 마음이 여려서 남들에게 모질게 대하지 못하고 자기가 손해 보더라도 남을 더 챙기는 사람들이다. 모방성이 뛰어나고 호기심이 많아 모험심도 많고 새로운 일에 잘 도전한다.

함께 잘 살자는 모토 아래 현재 이 순간을 중요하게 여기며 좋은 사람들과 인생을 즐기고자 한다. 매우 열정적이며 사람을 기분 좋게 만드는 재주가 있어 이 사람들이 없으면 분위기가 지루하다.

반면 동그라미 유형이 지나치게 강해지면 장점이 단점으로 변하기도 한다. 즉흥적으로 기분에 치우쳐 행동하는 경우가 많아 미래에 대해 체계적인 계획이 부족하다. 외부의 자극에 쉽사리 마음이 동요되고 분위기에 약해 유혹에 잘 빠진다. 자신 또한 귀가 얇아 설득을 잘 당하고 사기도 잘 당한다.

정이 많고 마음이 약해 금전 거래에서 늘 손해 보는 편이며 한 마디로 자기 것을 잘 챙기지 못하고 오지랖이 넓다. 겉으로는 강한 것처럼 보여도 속으로는 마음이 여려서 상처를 잘 받고 눈물을 잘 흘리며 두려움도 많다. 그래서 냉정함이 요구되는 순간에도 단호함이 부족하다. 호기심이 지나쳐 동시다발적으로 일을 벌여 놓고 뒤 마무리가 약하다. 말이 많아 실수를 잘하고 감정으로 일을 처리하다 보니 원성을 살 때도 있다.

그럼에도 불구하고 가장 많은 사랑을 받는 유형이 동그라미 유형이다. 사람을 좋아하는 성향으로 인해 그들의 친절함과 발랄함이 따뜻한 열정으로 사람들을 모이게 만든다. 인간적이고 긍정적인 면이 많아 사람들과 가장 잘 어울릴 수 있는 기질이다.

이들은 외부 활동을 해야 행복한 사람들이다. 일을 갖거나 사람을 만나거나 해야 마음의 병이 생기지 않는다. 물론 같은 동그라미라고 해서 모두가 성향이 똑같지는 않다. 그 안에서도 분명 정도의 차이가 있기 마련이다. 같은 유형이라 해서 대인관계 방식이나 생활 방식 등도 전부 같을 거라고 생각하는 것은 무리가 있다.

우리나라 사람 중 가장 많은 유형이 동그라미 유형이다. 우리나라 사람들은 원래 흥이 많고 사람을 좋아하며 정이 많은 민족성을 가진 사람들이다. 그래서 동그라미 유형을 가진 사람이 가장 많은 걸까.

끌리는 도형이 인생의 답이다

△ 자존심에 살고 자존심에 죽는 세모

세모는 담즙질의 외향적인 사람이다. 한자로 풀어보면 담이 세고 배짱이 있는 사람들이다. 성격이 급하고 불같아서 한 번 마음 먹은 일은 잘 포기하지 않는다. 매우 능동적이고 진취적이며 일과 목표, 꿈이 확실하여 미래를 향해 끊임없이 전진한다. 삶에 있어 '일'과 '미래'에 가치를 둔다. 성취를 통해 행복을 느낀다. 직관적으로 결단이 빠르고 곧 실행으로 옮긴다. 머뭇거리는 것은 적성에 안 맞다. 가진 것이 없어도 비굴하지 않으며 어떤 상황에서도 견뎌내려고 하는 의지가 강하다. '내게 시련은 있으되 실패는 없다' 라는 게 그들의 신조이다. 한 번 시작하면 집념을 가지고 끝까지 책임을 완수해 내는 강한 의지의 소유자로 CEO들이 많다.

세모 유형의 사람들은 두뇌 회전이 빠르며 목표에 모든 에너지를 집중하여 도전한다. 그들의 추진력은 많은 사람들에게 동기부여가 된다. 자존심이 강하고 자기 주장이 확실하여 소신 있는 사람으로 그들의 카리스마는 많은 사람들에게 힘을 실어준다.

반면 세모 유형의 특성이 지나치게 강해지면 장점이 단점으로 변한다. 일 없이는 못사는 일벌레가 되기 쉽고 내가 최고이어야 한다는 생각에 경쟁심이 강하고 지고는 못 산다. 이런 지나친 승부욕 때문에 자신의 성공을 위해서는 남을 짓밟을 수도 있다. 지나친 자기 주장은 독선이 되고 남을 통제하여 남들에게 부정적으로 비춰지기 쉽다. 자신의 신념을 믿기 때문에 남의 말에 귀 기울

나를 만나는 시간

이지 않고 남의 감정이나 의견을 무시할 수 있다. 직관적으로 하는 빠른 결단 때문에 자기 함정에 빠지기도 한다. 자신의 결정이 틀렸다고 해도 자존심 때문에 잘 인정하지 않는다. 경솔한 결정을 하지 않으려면 분석적으로 판단하고 체계적으로 계획을 세우는 게 필요하다. 너무 많은 계획을 세우는 게 문제다.

우리나라에 이 유형의 사람은 적은 편이며 진정한 세모 또한 많지 않다. 단 세모의 특성을 필요로 하는 사람이 그리는 경우는 많다. 한마디로 말해 그들은 훌륭한 동기부여가이며, 사람을 이끄는 파워풀한 실행가이다.

□ 평화의 수호자 네모

네모는 점액질의 내향적인 사람이다. 한자로 풀어보면 점액질은 혈액이 끈끈한 점성을 가지므로 행동이 느리고 낙천적이며 태평스러워 보인다. 그들이 지향하는 것은 공동체의 '평화'와 '안정'이다. 그들의 가치는 평화로운 관계에 있다.

자기가 가진 테두리 안에서 성실하게 살아가며 급작스런 변화나 새로움을 원하지 않는다. 한결같은 모습을 보이며 예의가 바르고 보수적인 사람들이 많다. 하나의 결정을 내릴 때 차분하고 신중하게 내리며 한 번 결정한 일은 잘 수정하지 않고 끝까지 마무리를 한다. 끈기가 많은 대기만성형 사람들이다. 일확천금이나 뜬구름을 싫어하고 현실적이며 실제적인 일을 좋아하고 과도한 욕심을 내지 않는다. 원리원칙적인 편으로 규범에 벗어난 일을 잘하지 않으며 행여 그러한 경우에는 양심적으로 매우 불편해한다.

또한 돌다리도 두드려 보고 건너는 사람들이다. 일의 완수가 필요한 일이 있다면 이 유형에게 맡기면 틀림없다. 성실함과 끈기로 차근차근 잘해 낼 것이다. 지식 탐구욕이 많아 자신의 일에 해박한 편으로 이들이 주는 정보는 믿을 만하다.

반면 네모 유형의 특성이 지나치게 강하면 역시 장점이 단점으로 변한다. 평화와 안정을 추구하기 때문에 갈등상황에서 피해 버리거나 방관할 수 있다. 참여율이 낮다는 것이다. 적극적으로 대처하고 처세하지 못한다. 협력 동조자적 기질로 너무 배려하고 양보만 하다 보니 자칫 책임감이 없어 보인다. 차분한 겉모습과 달리 내적 고집과 자존심이 강해서 한 번 결정한 일은 잘 번복하지 않으므로 팀으로 움직여야 할 때 다소 힘들 수 있다. 신중함이 지나쳐서 빨리 결단을 못 내리므로 우유부단하거나 융통성이 부족해 보인다.

네모 유형은 자기만의 틀을 가지고 있으며 변화를 싫어해 전통주의자가 되기 쉽다. 과거지향형 사람들로 과거에 대한 기억력이 좋아 묵은 감정을 오래 가져 간다. 남들 문제에 간섭하는 것을 싫어해 냉담해 보이기도 한다. 강박관념과 보수적 사고에서 벗어나

유연성을 기르고 새로운 변화에 대한 적응력과 동기부여를 기를 필요가 있다.

네모 유형은 평화를 사랑하는 평화주의자이다. 포용하고 베풀고 협력하는 그들은 우리들의 모든 관계를 끈끈하게 이어주는 없어서는 안 되는 중요한 중재자들이다.

S 고독을 사랑하는 자유로운 영혼 에스

에스는 흑담즙질의 내향적인 사람이다. 다른 말로 우울질이라고도 부른다. 흑담즙이 가진 한자의 뜻처럼 다소 어둡고 우울하다. 이들은 가치를 내면세계, 정신세계 등 마음에 둔다. 동그라미와 네모 유형처럼 관계를 지향하기보다 자신이 원하는 과제에 더 관심을 두고 재능 발휘에 힘을 쓴다.

가장 감성이 풍부한 기질이며 감각기관이 많이 발달하여 예술가들이 이 기질에 많고 초감각적인 면이 발달하여 꿈을 꾸면 현실로 나타나기도 한다. 사람이든 신이든 잘 믿지 않지만 은혜를 입은 사람은 충성을 다하고 한 번 신앙심을 가지면 끝까지 믿으며 영성이 발달하여 성직자들이 이 기질에서 많이 나온다. 분석적이어서 연구하는 일에 적합하며 상상력이 뛰어나고 창의적이어서 새로운 아이디어와 창조물을 잘 내놓는다. 질서를 좋아하지만 구속당하는 것을 싫어하고 독립적으로 허용된 자신의 공간을 원한다. 준비도 매우 철저하게 하는 편으로 디테일하며 체계적으로 잘 정리한다. 다재다능하며 머리도 좋은 편으로 한 번 집중하면 천재성을 발휘하기도 한다.

반면 에스 유형의 특성이 지나치게 강하면 또한 장점이 단점으로 변한다. 정서적으로 예민하여서 감정기복이 심한 편으로 감정조절에 실패하면 우울증에 빠지기도 한다. 생각이 많아 집중이 어려우며 비관적이며 부정적인 결론을 잘 맺는다. 완벽주의 성향으로 인해 완벽하지 않으면 쉽게 도전하지 못하여 시작이 느리다. 남들의 시선과 평가에 두려움을 갖고 있다. 낯가림이 심해 비사교적이고 상처를 잘 받는다. 상처를 받으면 한이 내릴 정도로 오래 품고 있으며 자기비하를 잘한다. 완벽주의 성향으로 높은 기준은 남을 대할 때 부정적인 측면을 먼저 바라봐서 비판이나 분석을 잘한다.

에스 유형의 사람들은 자신의 재능이 어디에 있는지 빨리 찾는 게 좋다. 자유로운 영혼답게 자아만족을 하기 위해서 자신을 좀 더 적극적으로 드러내고 노출시킬 필요가 있다. 살면서 멘토가 가장 필요한 유형이다.

앞에도 말했듯 어느 것이 '옳다, 나쁘다'라고 표현할 수 없다. 다양한 삶이 존재하는 곳에서 우리는 살아가는 법이다. 다양성 속에서 나를 알고, 타인을 알면 인간관계로 생기는 문제해결은 물론 조금 더 자유로운 인간관계로 살아갈 수 있을 것이다.

상대방을 알아보는,
3가지 방법.

●
▲
S

첫 번째, 목소리와 신체로 알아보기

네일아트숍을 운영하는 지인은 사람 손만 보고 그 사람이 무슨 일을 하는지 파악할 수 있다고 한다. 언젠가 함께 봉사활동 갔던 치과의사는 치아만 보면 그 사람을 짐작한다고 한다. 어떻게 손만 보고 또는 치아 상태만 보고 상대를 파악할 수 있을까 아마도 오랜 노하우와 데이터가 쌓여 만들어진 패턴이 아닐까 생각한다. 꼭 눈으로 보지 않아도 직접 듣지 않아도 그 사람을 알아볼 수 있는 게 사실 몇 가지가 있다. 그 첫 번째가 목소리와 신체이다.

얼마 전 대검찰청에서 보이스 피싱 범죄와 각종 범죄 단서를 찾기 위해 음성 데이터베이스를 구축했다. 음성만으로 범인을 찾는다고 하니 목소리로 사람을 알아본다는 건 신뢰할 만하다. 독일의 정신 병리학자 크레치머Ernst Kretschmer는 사람의 생김새와 골격형으로 성격 유형을 나누었다. 예를 들어 신체가 약소하면 내성적이며 수동적인 성격을 가질 확률이 높고, 강건하면 외향적이며 적극적인 특성을 지니게 될 확률이 높다고 보았는데 다시 말해 신체를 통해 성격 유형을 알 수 있다는 것이다.

우리나라에서는 조선후기 의학자 이제마 선생에 의해 처음 사상체질로 성격 유형을 나누었다. 사상체질 역시 소크라테스의 기질론과 같이 사람의 체질을 4가지로 구분하였다.

그도 히포크라테스와 마찬가지로 타고난 체질에 따라 마음과 성격 등이 달라진다고 보았다. 1996년에 발표한 한 연구에 따르면 사상체질은 사람의 얼굴 생김새와 체형만 보고서도 심성이나 재능, 적성, 대인관계, 사회 생활에 필요한 처세까지 알아볼 수 있다고 했다.

동의수세보원에서 사상체질을 신체 내부의 장기와 외모, 성격을 바탕으로 태양인, 소양인, 태음인, 소음인으로 구분하였다. 기질은 정서적 측면에서 사상체질에서의 체질은 생리적인 측면에서의 특성을 말하는데 체형과 성격은 불가분의 관계라는 것이다. 이제마 분류에 따른 4가지 신체 특징을 알아보자.

소양인의 성격 특성은 도형의 동그라미 유형과 비슷하다. 신체적 특징으로는 뼈가 가늘고 골격이 빈약한 편이다. 하체가 약하여 걷는 일이 힘들고 욕심은 없으나 성격이 급하다. 목소리는 대체로 크고 말이 많다.

태양인의 성격 특성은 도형의 세모 유형과 비슷하다. 신체적 특징은 상체가 발달하고 강한 통뼈를 갖고 있다. 상체에 비해 하체가 약하여 오래 걷는 것을 힘들어 한다. 야심차며 목소리가 크고 우렁차다.

태음인의 성격 특성은 도형의 네모 유형과 비슷하다. 신체적 특징은 목과 어깨가 가늘고 약해 보이나 허리가 튼튼하여 앉은 키가 가장 크다. 가슴과 허벅지와 엉덩이가 발달한 체형이다. 땀을 많이 흘리는 편이다.

소음인의 성격 특성은 도형의 에스 유형과 비슷하다. 신체적 특징은 얼굴선이 갸름하고 대체로 목과 어깨 손목이 가늘고 체격이 아담하며 몸의 균형이 잘 잡혔다. 하체가 강해서 오래 걸어도 힘들어하지 않는다. 내성적이며 섬세한 기질이다.

두 번째, 취미나 물건으로 알아보기

남들이 헌신짝처럼 버리는 것에 집중하는 사람이 있다. 특정 물건에 집착하거나 유독 남들이 뭐라 해도 끈기 있게 실행하는 취미가 그것이다.

상담했던 사람 중 어린 시절 부모가 바빠서 혼자 보내는 시간이

많았던 ○씨가 있다. 20대 중반으로 어엿한 사회인으로 활동 중
이다. 그녀는 손수건이 없으면 불안이 심하다. 지금도 손수건을
손에 쥐어야 잠을 잔다고 한다. 어린 시절 늦은 밤 손수건이 유일
한 친구였고 손수건으로 이것저것 만드는 걸 좋아했다고 한다.
그녀의 꿈 역시 손수건 등 타올을 만드는 일을 하고 싶다고 한다.
집착하는 물건을 통해 그녀의 과거를 어렴풋이 읽을 수 있었다.

이처럼 그 사람이 좋아하는 물건을 유심히 본다면 성격이나 스
타일을 알 수 있다. 그리고 물건을 화두로 이야기를 시작할 수 있
으며 선물을 줄 때도 선택이 쉽다.

취미로도 우리는 그 사람이 어떤 성격과 성향을 가졌는지 짐작
할 수 있다. 동그라미나 세모처럼 외향적 성향을 가진 사람은 주
로 외부에서 동적인 취미 생활을 즐긴다. 가령 예를 들어 쇼핑이
나 수다, 야유회, 문화센터 등 사람들과 함께 어울리고 즐기는 취
미는 주로 동그라미 유형이 좋아하고, 몸을 많이 움직이는 스포
츠나 운동 같은 것은 세모 유형이 좋아하는 취미이다. 네모나 에
스처럼 내향적 성향을 가진 사람은 조용히 취미 생활을 즐기는 편
인데 네모 유형은 집에서 편안히 소파에 누워 TV를 보거나 음악
을 들으며 뒹구는 것을 좋아하고 에스 유형은 혼자 책을 보거나
음악을 듣거나 산책하거나 여행하는 것을 좋아한다.

세 번째, 좋아하는 색채로 알아보기

개인마다 좋아하는 색이 있다. 요즘은 색으로 마음을 치유하거나 컬러 푸드로 건강을 관리하고 용도에 맞춰 색으로 실내를 인테리어 하는 등 색채는 삶에 있어 정서나 감정, 신체의 건강에 빼놓을 수 없는 중요한 요소가 되었다.

2008년도 EBS에서 색채가 인간의 심리에 미치는 영향에 대한 실험을 한 적이 있었다. 실험에 참가한 사람들을 무작위로 두 팀으로 나누어 한 팀은 빨간 방, 다른 한 팀은 파란 방에 들어가게 해서 20분 정도 지났다는 느낌이 들면 방을 나오라는 미션을 주었다. 잠시 후 평균 16분이 지나자 빨간 방의 사람들이 모두 방을 나왔다. 그 방에 있던 사람들은 빨간색이 마음을 긴장시키고 불안하게 만들어 시간이 빨리 가는 것처럼 느꼈던 것이다. 반면 파란 방의 사람들은 20분이 지나도 나오지 않고 장난도 치고 잠도 자며 느긋하게 있다가 평균 24분 정도 지난 후 방을 나왔다. 파란색이 마음을 차분하게 하며 편안하게 만들었기 때문이었다.

어느 색채의 방에 있었느냐에 따라 20분을 체감하는 시간이 달랐다. 이것을 두고 한국색채연구소 소장 한동수 씨는 그 이유를 색이 가지고 있는 기본적인 에너지가 따로 있기 때문이라고 말한다. 색에는 모두 에너지를 가지고 있고 그 파장으로 인하여 사람들은 다른 이미지와 감정을 느끼는 것이다.

런던의 템즈강의 블랙프라이어 브릿지는 사람들이 자살을 많이 하는 곳으로 유명한 곳이었다. 처음에는 다리색이 검은색이었다고 한다. 검은색은 사람을 우울하게 만들고 공포와 두려움을 연상시킨다. 그래서 다리의 색을 녹색으로 바꾸었고 그 이후로 자살을 시도하는 사람이 1/3로 줄었다고 한다. 미국의 샌프란시스코의 골든게이트 브릿지도 유명한 자살 명소이다. 이 다리 역시 사람의 마음을 흥분시키는 붉은색을 하고 있어 사람들에게 자살충동을 더욱 불러일으켰던 것이다. 이처럼 색은 우리 생활 전반에 연관되어 있다. 우리가 예쁘게 화장을 하거나 근사하게 옷을 코디하는 것도 색에 의한 착시현상을 유도하는 것이다.

색채는 마음의 언어이다. 그래서 내 심리에 의해 색의 에너지에 연관된 색채를 좋아하게 되며, 좋아하는 색채를 통해 그 사람의 감정과 심리상태를 알 수 있다. 성격 유형에 따라 선호하는 색이 달라지기도 한다.

다음은 좋아하는 색채에 따른 심리유형이다.

빨간색의 심리

빨간색은 생명을 상징하기도 하지만 긴장을 유발하고 자극적이며 열정을 불러일으키는 색이다. 홍등가의 붉은 등, 정육점의 붉은 조명, 신혼방의 붉은 커텐 등도 색이 심리에 미치는 영향을 적극 활용한 예이다. 빨간색을 좋아하는 사람들은 외향적이고 의욕적이며 충동적인 사람들이 많고 감정의 기복이 심한 편이다. 내성적으로 보이는 사람이라도 빨강을 지나치게 좋아한다면 속으로 내재된 욕구가 강하다고 본다. 대체적으로 성격이 둥글둥글한 사람들이 많다.

주황색의 심리

주황색은 유쾌함의 색이다. 주황색을 좋아하는 사람은 즐겁고 사색적이며 다른 사람과 함께 있기를 좋아하는 성격이다. 에너지가 넘친다. 경쟁적이고 이기려는 욕구가 강하다. 자신감이 있기 때문에 자기 자신에 대해 너무 과신하면 자만에 빠질 수 있다. 이 색은 식욕의 색이며 생기의 색이다. 식욕이 없거나 생기가 부족하다면 이 색으로 포인트를 주는 것도 한 방법이다.

노란색의 심리

노란색을 좋아하는 사람은 밝고 명랑하며 유머가 많아 사람들에게 인기가 높다. 상상력이 풍부하여 모험을 좋아하고 자유로운 사고방식을 가진 사람들이다. 노란색은 희망의 색이다. 특히 유아나 어린아이들이 좋아하는 색이다. 어른이 지나치게 노란색을 좋아하면 유아적 성향이나 의존성이 있을 때 끌리기도 한다. 심리적인 문제로 정신적으로 불안할 때 노란색이 도움을 준다.

초록의 심리

생명을 잉태하고 자라게 하는 자연의 색인 초록색은 여성의 색이며 휴식의 색이다. 초록색을 좋아하는 사람은 성실하며 겸손한 사람이 많다. 인내심이 많고 정직한 편이다. 초록색을 지나치게 좋아하는 사람은 내면이 고독한 사람이 많다. 또한 보수적이며 내성적인 성향일 가능성이 크다.

파란색의 심리

깊고 푸른 바다의 색인 파란색은 평화를 상징하며 천주교에서는 성모를 의미한다. 파란색을 좋아하는 사람은 이성적이고 자제심이 많다. 정의롭고 냉철하다. 결단하기까지 시간이 걸리지만 결단을 내렸다하면 추진은 빠른 편이다. 고집이 있고 유연성이 다소 부족하며 보수적인 면이 있어 자신의 정열을 억제하기도 한다.

남색의 심리

남색은 진정의 색이다. 남색을 좋아하는 사람은 관계를 지향하는 사람들이 많고 만남을 의미 있게 이끌려는 성격이다. 마음의 위로가 필요할 때 마음을 달래 주며 활기를 찾게 해 주는 색이다.

보라색의 심리

보라색은 신비하며 정신적인 색이다. 보라색을 좋아하는 사람은 직관력이 좋고 감성이 뛰어나 예술가가 많다. 겉으로 여려 보이는 것과 달리 속으로는 강한 고집이 있다. 세상과 분리하여 자신을 떼어놓고 사는 사람도 있고 뭔가 알기 어려운 사람들이 많다. 보라색을 기품이 있는 색이라고 하며 여간해서는 보라색을 소화하는 사람이 적다. 거꾸로 이 색을 좋아하는 사람 중에 자만심이 큰 사람도 있다. 보라색이 끌릴 때 내적으로 상처를 치유 받고 싶은 마음과 침체된 기분을 회복하고 싶은 심리가 담겨있다고 본다.

이렇듯 색은 한 사람의 심리에 작용하여 에너지를 전한다. 선호하는 색이 바뀌기도 하지만 색으로 심리나 성격을 추측해 볼 수 있다. 외향적인 성향을 가진 사람은 원색을 좋아하는 경향이 많고 내성적인 성향을 가진 사람은 녹색이나 보라, 검정 등을 좋아하는 경향을 많이 보인다.

성격의.
12가지 유형들.

●
▲
S

어르신들이 종종 "생긴 대로 성공한다"라고 말한다. 처음에는 이해하지 못했다. 성공이면 성공이고, 외모는 외모이지 어떻게 생긴 대로 성공할까 말이다. 차츰 이해가 갔다.

보석세공사에게 가장 중요한 기술은 인내심이다. 오랫동안 앉아서 고도로 집중된 손기술을 발휘해야 한다. 말도 많이 할 필요 없고 여러 사람 만날 필요도 없다. 행사 MC를 생각해보자. 분위기를 살리기 위해 즐겁게 말해야 하고 여러 사람 앞에 서는 일을 겁내하면 안 된다. 자신의 성격, 자신이 좋아하는 성향으로 간다. 그래서 생긴 대로 성공하는 것이다. 어쩌면 진짜 성공은 자신의 달란트를 알고 달란트에 맞는 일을 하는 게 아닐까 생각한다.

기질의 종류로는 동그라미, 세모, 네모, 에스의 4가지 유형이 전부이며 한 사람 안에는 이 4가지의 기질이 모두 들어 있다. 하지만 그 중에서 어떤 기질은 우세하고 어떤 기질은 열등하여 4가지 기질을 전부 골고루 균형 있게 사용하지는 못한다. 성인이 아니고서야 보통 한 가지나 두 가지 기질만을 집중적으로 사용하게 된다. 가장 우세한 두 개의 기질을 조합한 복합적 기질의 유형은 총 12가지 종류로 세분화된다. 이러한 기질의 조합으로 그 사람의 주된 성향과 행동패턴이 정해진다.

　기질에는 강점이 있으면 약점도 있기 마련이다. 강점이란 남과 비교하여 내게 더 우수하게 있는 능력을 말하는데 약점이 있다 하더라도 약점이 자극제가 되어 강점이 더 강화되기도 하고 반대로 약점이 강하여 강점이 약해지는 경우도 있다. 평범한 사람으로 4가지 기질을 골고루 균형 있게 쓸 수는 없겠지만 다만 우세한 기질과 열등한 기질의 장단점을 서로 보완시키도록 노력해야 한다.

다혈담즙질(O + △)

이 복합기질은 몸 안에 다혈질 특성과 담즙질 특성이 가장 많은 경우이다. 두 가지 특성 모두 외향적이기 때문에 모든 복합기질 중 가장 외향적인 사람들이라고 볼 수 있다. 순수한 다혈질보다는 조직적이고 생산적인 면이 강하다.

　그래서 돈도 많이 벌고 많이 쓰는 사람들이 많다. 매우 사교적이고 열정적이며 에너지가 많다. 때로 자기중심적인 면이 강해지면 자기 위주로 일처리를 하지만 강력한 지도력을 발휘한다.

다혈우울질(O+S)

다혈질과 우울질의 성향이 몸 안에서 가장 우세하게 작용하여 감성적이고 동정심이 많아 다른 사람을 잘 도와주지만 감정의 변화가 크다. 다재다능하여 여러 분야의 일을 잘할 수 있으며 특히 연설이나 연극, 음악이나 미술 등 예술 분야에서 두각을 나타낸다.

　우울질 성향에 따른 부정적인 생각과 우울, 두려움이 잠재력 발휘에 걸림이 되기도 하지만 창조성과 비판분석력은 뛰어나다.

다혈점액질(O+□)

편안하고 친절한 인상으로 사람들이 가장 쉽게 다가갈 수 있고 좋아할 수 있는 기질이다. 매우 낙천적이며 유머감각이 있어 사람들에게 즐거움을 준다. 순수한 다혈질보다 덜 외향적이다. 사람이 너무 좋다 보니 주관이 약하여 환경의 영향을 많이 받는다. 삶에 안일한 편으로 성취욕이 떨어지므로 동기부여와 자기훈련이 필요하다.

담즙다혈질(△+O)

분명한 목적과 계획을 가지고 삶을 살아가는 사람들로 매우 건설적이다. 모험심과 도전 정신이 뛰어나서 에너지 발산을 잘하고 동기부여가 잘된다. 소신이 분명하며 자기 주장이 강하고 활동으로 지배된 삶을 살아간다. 사교성이 풍부하여 어디서든 눈에 잘 띄지만 공격적인 말투는 지양해야 한다.

담즙우울질(△ + S)

이 유형에는 유능한 사람들이 많다. 세상을 열심히 살아가며 도전적이다. 담즙질의 성취지향적이며 현실적인 감각은 우울질의 부정과 우울을 압도하여 도전적이면서도 세심함으로 뛰어난 지도력을 발휘한다. 담즙질의 신념과 우울질의 완벽주의가 만나 한 번 마음먹으면 해내고야 마는 저력을 가지며 대개 성공으로 이끈다. 하지만 때로 매우 분별력이 뛰어나고 철두철미한 특성으로 인해 독재적이 되기 쉽고 또한 엄격한 사람이 되기도 한다.

담즙점액질(△ + □)

활동적이며 민첩한 담즙질의 성향과 낙천적이고 차분한 점액질의 성향이 섞여 있는 유형으로 다른 사람에게 호감을 주는 유형이다. 감정에 잘 휘둘리지 않으며 논리적이고 조직적으로 다른 사람들과 함께 일을 잘할 수 있는 사람들이다. 다양한 분야에 관심을 가지고 있기 때문에 많은 일을 이루어 나간다. 고집이 센 편이지만 매우 책임감이 강한 사람들이다.

우울다혈질(S + ○)

우울질 성향과 다혈질 성향이 섞여 감정이 매우 풍부하며 기복 또한 심하다. 그래서 다른 유형에 비해 예민하다. 눈물이 많고 상처도 잘 받는다. 쉽게 감상에 빠져 때때로 감정에 치우친 판단을 할 때가 있다. 가장 우울증에 취약한 조합이다. 직관력과 통찰력이 뛰어난 이들은 비이성적인 면이 강하여 대체로 모든 것을 심각하고 진지하게 받아들이는 경향이 있다. 자신의 세계를 가지고 있으며 자기 자신을 통제하기도 하며 자존감이 낮은 편이다. 까다롭게 느껴지는 사람들과 예술가들이 많다.

우울담즙질(S + △)

우울질의 완벽주의와 담즙질의 도전적인 성향의 조합은 일을 잘 해 내려는 의욕을 고조시킨다. 하지만 감정기복이 심하고 예민한 우울질의 기분은 담즙질의 의지로 진정시킬 수 있으나 마음속의 행복감이 적을 수 있다. 우울질에 있는 완벽주의 성향 때문에 자신이나 자기가 한 일에 만족하기 어렵다. 또한 다른 사람에게도 높은 기준을 적용해서 사람들을 힘들게 하기도 한다. 섬세하면서도 강한 지도력으로 조직을 주도해 나가는 유형이다.

우울점액질(S + □)

분석적이고 디테일하며 완벽주의의 우울질의 특성과 체계적이고 조직적인 점액질의 특성을 함께 지니고 있는 이 유형은 재능이 많은 사람들이다. 대체로 조용한 기질이며 다른 사람들에게 싫은 소리를 잘하지 않는 착한 이미지의 사람들이다. 부정적이며 우울한 우울질 성향의 특성을 점액질의 차분하며 체계적인 특성으로 절제해 나가려고 노력한다. 창의적인 생각과 논리와 비판력이 뛰어나다. 하지만 매우 쉽게 절망하는 약점 때문에 혼자서는 이겨내기 힘들고 신앙이나 타인의 도움으로 절망을 이겨나간다. 매우 꼼꼼하게 일처리를 하는 편이며 학구적인 사람들이 많아 세계적인 학자들이 많이 나온다.

점액다혈질(ㅁ＋○)

차분하며 사려 깊은 점액질의 성향과 밝고 명랑하며 사교적인 다혈질의 성향의 조합으로 많은 사람들이 좋아하는 유형이다. 가정에 충실하며 사람들과 충돌을 거의 일으키지 않으며 갈등을 피한다. 하지만 평화 안정주의자이며 성취의욕이 약한 점액질의 특성과 체계성이 떨어지고 즉흥성이 강한 다혈질의 특성이 혼합되어 자신의 잠재력 개발에 약하다. 이 조합 역시 동기부여나 자기훈련이 필요하다.

점액담즙질(ㅁ＋△)

논리적이며 이성적인 좌뇌형의 점액질과 담즙질의 조합으로 감정기복이 심하지 않고 자기통제력이 높은 편이며 실제적인 사람들이 많다. 압력을 받거나 자극이 주어지면 더 열심히 일한다. 인내심이 많고 체계적으로 일을 잘한다. 하지만 의욕이 약한 점액질의 특성과 고집이 센 담즙질의 특성이 결합되면 다른 사람과 협력하기를 거부하기도 한다. 대체로 성실한 사람이 많으며 책임감이 강하고 규범적이다. 내적 고집이 세다. 때로 자기 테두리 안에서만 움직이기를 원하는 경우도 있지만 준비된 지도자의 면모를 가지고 있다.

점액우울질(口＋S)

12가지 복합기질 중 가장 친절하고 온유하며 조용하다. 여간해서 화를 내지 않으며 적을 만들지 않는다. 매우 정확하며 신뢰할만한 사람들로 내적 신념이 깊다. 조직 안에서 사람들과 갈등 없이 지내며 다른 사람을 잘 도와주는 사람들이다.

세상에서 가장 어려운 일은
사람이 사람의 마음을 얻는 일이란다
_어린왕자 중에서

CHAPTER 4

살면서
꼭 알아야 할
도형과 나

○△□S

숨겨진 자아 알기.
도형과 기질.

●

▲

S

'마이 웨이My way' 참으로 멋진 말이다. 똑같은 삶을 요구하는 세
상에 나만의 길을 간다는 건 내 삶에 충실히 살고 있다는 뜻이다.

누구나 '마이 웨이'를 꿈꾸지만 실천하는 사람은 항상 소수였
다. 소수만이 자신이 원하는 삶을 살고 행복해 한다. 대부분의 다
수는 학교나 세상이 요구하는 길을 선택한다. 다수가 마이 웨이
를 못하는 이유가 '벗어날 용기 부족이다'라고 하지만 보다 근본
적인 원인이 있다. 바로 자신이 잘하는 걸 모른다는 것이다. 설
사 안다고 해도 가는 방법을 모른다. 그러니 자신이 좋아하고 잘
하는 일을 찾은 사람은 소수이며 그것을 삶에 옮기는 사람은 소수
중에 소수이다.

"남들과 다른 생각을 하는 것, 다른 길을 가는 것을 오히려 축

복이라 생각하라."

영국의 철의 여왕 마가렛 대처의 말이다. 그녀는 신사적이지만 지루하기 짝이 없는 영국 정치에서 적극적으로 투쟁하고 쟁취하는 모습으로 총리까지 오른다. 그녀의 삶 자체가 남들과 다른 길을 갔다. 누구에게나 '나만의 길'이 있다. 나만의 길이란 다른 사람이 아니라 오로지 나만을 위하여 내게 주어진 길이며, 여러 가지 길 중에서 나를 가장 편안하고 행복해질 수 있도록 이끄는 길이다.

즉, 나의 본질에 맞게 살아가는 것이 나만의 길이다. 사실 요즘 같이 경쟁이 심하고 각박한 시대를 살면서 자기만의 길을 찾아간다는 것이 결코 쉽지만은 않다. 자의든 타의든 많은 순간 흔들리게 되고 결국 인생에서 길을 잃고 헤매게 되는 것이 현대인들의 슬픈 자화상이다. 새로운 결심 앞에 용기가 필요하듯이 오롯이 내가 되는 일에는 더 큰 용기와 도전이 필요하다.

도전이나 행동이 중요하지만 선행되어야 할 일은 나의 본질을 아는 것이다. 우선 내가 어떤 기질의 사람인지를 이해해야 한다. 기질이란 선택이 아니라 저절로 주어지는 것으로써 나의 고유성이다. 절대 바뀌지 않으며 기질을 억지로 바꾸려고 하다 보면 심각한 스트레스를 받게 되고 세상을 가면 쓰고 살아가게 된다. 살면서 여러 가지 일들을 겪으며 기질이 옅어질 수는 있지만 실제로 바뀌지는 않는다. 기질은 내 마음대로 바꿀 수 없는 유전적인 것이다. 조상으로부터 물려받는 정서적 특성이기 때문이다.

내 이야기를 하겠다. 나는 감성이 매우 풍부하여 쉽게 감상에 빠지는 일들이 많으며 생각이 많고 진지한 편이다. 많은 생각들 속에 고백건대 부정적 생각을 더 많이 한다. 한 번 슬픔이나 우울감에 빠지면 세포 하나하나가 저미도록 감정적이 된다. 감정의 밀도가 남들보다 월등히 높고 감각이 섬세하여서 필요이상으로 상처를 받거나 작은 일에도 자극을 잘 받는다.

만약 내 스스로 감정조절에 실패했거나 부단히 노력하지 않았다면 분명 우울증에 빠졌을 것이다. 세상을 비관하면서도 이만큼 버텨낼 수 있었던 것은 스스로 포기 못하는 자존심이 있었기 때문이다. 자존심은 내 속에 꺾이지 않은 꽃대였다. 언젠가는 다시 활짝 꽃망울을 피우기 위해 어떤 순간에도 차마 꺾일 수 없었다. 사람들에게 지치고 상처받으면 혼자만의 시공간 속으로 떠나서 내가 회복될 때까지 세상과 나를 분리시키곤 했다. 이렇듯 주로 감정과 생각이 흘러가는 방식을 보고 그 사람의 기질을 알 수 있듯이 기질은 끊임없이 관찰하고 스스로와 대화를 한다면 알 수 있는 것이다.

기질이란 평상시에는 몸 가장 안쪽에 자리하고 있다가 무방비 상태나 급작스런 상황에서 쉽게 드러난다. 우리가 누군가를 판단하거나 평가할 때는 기질보다는 성격을 보고 주로 이야기한다. 기질은 성격에 비해 좀 더 근본적이고 내면 깊숙이 자리하고 있어

살면서 꼭 알아야 할 도형과 나

알아차리기 힘들기 때문이다. 기질에 따라 같은 상황에서도 느끼는 감정과 생각, 행동이 다르게 되는데 이렇게 타고난 성향에 따라 표출되는 방식은 사람 사이의 갈등의 원인이 되기도 한다.

많은 사람들이 나와 상대가 다름의 이유가 기질의 다름에서 나온다는 것을 알지 못하고 상대방의 생각이나 행동이 틀렸다고 여기며 일방적인 비난과 공격을 한다. 그러면서 오해와 갈등으로 인해 원만한 관계형성을 할 수 없도록 만들어 버린다. 틀림이 아니라 다름을 인지하지 못하는 것이다.

사람은 자신의 유형대로 상대방에게 자극을 주고 상대방 또한 자신의 유형대로 반응을 하게 된다. 내 방식대로 자극과 반응을 끊임없이 되풀이 하는 것이다. 유형의 차이, 즉 기질의 차이를 이해하지 못한다면 왜 그런 식으로 자극을 주고 반응을 하는지 오해와 갈등이 생기기 쉽다.

사람마다 기질적 성향대로 사건과 사물에 대한 해석이 달라지고 부여하는 의미가 다르다. 하나의 사건에도 객체의 본질은 같지만 그것을 바라보고 해석하는 주체의 성향이 다르므로 반응도 다양하고 결과도 다르게 나타난다. 다음은 하나의 문제에 대하여 4가지 유형의 기질에 따른 반응의 예이다.

동그라미 "그럴 수도 있지, 좋은 게 좋은 거야 ~."

세　　모 "어떻게 그럴 수가 있어! 절대 안 돼."

네 모 "그냥 조금씩만 양보하면 돼."

에 스 "왜 그럴까? 왜 그런 거지?"

사물을 대하는 나의 방식을 생각해보자. 기질의 차이는 곧 인식과 표현의 차이이다. 모든 기질에는 강점과 약점이 있고 장점과 단점이 있다. 장점과 단점이란 강점과 약점처럼 남과의 비교가 아니라 나 자체적으로 좋은 점과 나쁜 점을 뜻한다.

나는 현재 나의 기질의 장단점 중 어떤 특성을 더 많이 쓰며 살아가는지 살펴보라.

어떤 문제에 놓였을 때 장단점 중 어느 것이 더 우세하게 작용하는지에 따라서 문제가 작아지기도 하고 반대로 더 커지기도 한다. 기질의 장점을 활용하여 긍정적으로 대처하면 문제에 대하여 해결의 가능성을 높이지만 기질의 단점이 먼저 나오게 되면 충분히 해결될 일도 오히려 나쁜 결과를 가져오게 된다. 사실 문제 자체보다 그 문제를 바라보는 나의 인식과 반응이 더 문제인 경우가 많다.

어떤 면을 더 발달시키면서 사는가가 나의 미래를 결정짓는다. 기질에 좋은 유형 나쁜 유형이란 없지만 반드시 장단점은 있기 마련이므로 자신의 장단점을 깨달아 장점은 지속시키고 단점은 노력으로 변화시켜야 한다. 기질의 단점을 보완하는 것은 후천적 성격으로 가능하다.

우리가 행복하다고 느낄 때는 아마도 타고난 성향대로 살 때가

살면서 꼭 알아야 할 도형과 나

아닌가 싶다. 옷도 몸에 맞는 옷을 입어야 편하듯이 타고난 성향대로 살 수 있을 때 가장 행복하다. 하지만 대부분의 사람들은 자신의 삶에 대해 다른 사람에게 답을 구한다. 그것도 귀찮은 사람들은 남들 하는 대로 따라 하면서 살아간다. 자신의 답은 자신이 직접 찾아야지 남이 정해주는 답은 남의 옷을 빌려 입은 듯 불편한 삶이 되고 분명 후회로 남는다.

자신의 성향대로 살아갈 수 있는 환경을 만난다는 건 어쩌면 행운일지도 모른다. 많은 사람들이 그런 환경을 만나지 못하는 게 사실이다. 어떤 사람은 자기 기질대로 살 수 있는 지지적인 환경을 만나 다행인 사람도 있지만 어떤 사람은 자기 기질대로 살 수 없는 비우호적인 환경을 만나 어쩔 수 없이 순응하면서 살아간다. 그런 사람은 뭔가 알 수 없는 답답함과 갈증으로 많은 순간 고민하며 힘들어 한다. 반면 비우호적인 환경을 만났더라도 자신의 기질에 맞추기 위해 부단히 환경을 변화시키며 열심히 사는 사람도 있다. 나의 기질에 대한 불만족으로 기질을 벗어나려고 하는 것보다 기질의 장점을 부각시켜 환경을 극복하고 환경을 최적화시키는 게 지혜로운 방법이다.

"극한 속에 여유"란 말이 있다. 내가 원하지 않은 환경에 노출되었어도 그 속에서 나의 기질의 장점을 발휘하자. 만약 없다면 서서히 개선하는 방향으로 가자. 모든 변화에서 저항은 존재한다. 당연한 것으로 여기고 개선에 집중하자.

도형으로 떠나는 재미있는 마음여행

페르소나의 비밀,
도형과 성격.

●
▲
S

가면假面. 우리말로 하면 '탈'이다. 탈의 의미는 여러 가지가 있지만 여기서는 얼굴을 감추거나 달리 꾸미기 위해 나무, 종이, 흙 따위로 만들어 얼굴에 쓰는 물건이란 뜻이다. 흔히 "탈을 썼다." 할 때 탈이라 보면 된다. 탈을 쓰는 순간 새로운 인격이 형성된다. 새로운 인격이 탄생되면 부정적인 일이 많이 발생해 그런 표현을 쓰는 것이다.

'페르소나'는 가면을 쓴 인격을 뜻한다. 본인의 성격이나 성향, 기질을 버리고 세상이 요구하는 가면을 쓴다. 착한 사람 콤플렉스를 생각하면 쉽다. 인류가 가면을 쓴 정확한 연도는 존재하지 않는다. 그렇지만 사냥을 시작하면서 가면을 쓰지 않았을까 추측해본다. 사냥감에 보다 위협을 가하기 위해 가면을 사용한 것으로 보인다.

페르소나는 분명 내 성격이 아니다. 그렇지만 우리는 페르소나 속에서 살아가는 사람이 많다. 사회규범이 그렇게 만들었고, 교육이 그렇게 만들었다. 부정할 것은 아니다. 모든 사람이 자기 성격대로 산다면 폭력으로 얼룩졌을 것이다. 페르소나가 있기에 질서가 있고 번영이 있는 것이다.

페르소나를 좌우하는 성격에 대해 알아보자. 우리는 흔히 누군가의 성격을 말할 때 먼저 '좋다, 안 좋다'라고 말하고 나서 그 이유를 설명한다. 그 사람의 어떠어떠한 행동을 보고 '좋다, 안 좋다'라고 판단을 내리는 것이다. R.B.커텔은 성격에 대해서 말하길 "어떠한 주어진 상황에서 그가 어떠한 행동을 할 것인가를 우리들에게 예상케 하는 것"이라고 하였다. 한 사람의 주된 행동양식을 살펴보면 그 사람의 성격을 알 수 있다는 것이다.

사실 성격은 한 사람의 개성과 연관된 것으로써 한 마디로 정의하기란 쉽지 않다. 그동안 성격을 연구하는 많은 학자마다 성격에 대한 의견이 분분하였는데 한편에서는 성격이 '선천적이다'라는 주장을 했고 다른 한편에서는 '후천적으로 형성되는 것'이라고 주장하면서 의견이 팽팽히 맞섰다. 하지만 현대에 들어와서는 한 가지 입장으로만 고수하지 않고 서로의 의견을 보완하여 인정하는 개념으로 정의되고 있다.

미국 미네소타 대학 쌍둥이 연구팀에서 1988년에 발표한 논문에는 성격의 유전계수가 0.4~0.6 이라는 연구결과를 발표한 적이 있다. 이 연구에 의하면 성격은 상당부분 타고나기도 하지만 과반은 후천적으로 형성되는 것임을 알 수 있다. 100% 유전적으로 타고난 내적 모습이 기질이라면 환경 속에서 후천적으로 습득하여 변해가는 외적모습을 성격이라고 볼 수 있다.

많은 심리학자들은 사람의 일생 중 유년기 시절의 경험이 가장 중요하다고 여겼다. 심리학의 대가 프로이트 역시 6세 정도의 나이가 되면 대부분의 기본 성격이 만들어진다고 주장했다. 우리나라 옛 속담에 "세 살 버릇 여든까지 간다"는 말도 있지 않던가. 그만큼 어릴 적 환경은 매우 중요하다는 것을 나타낸다.

보통 성격은 유년기를 기점으로 형성되기 시작하여 20대에 이르러서 거의 대부분이 만들어지고 그 이후로는 크게 변하지 않는다고 한다. 소꿉놀이 친구들을 몇십 년 만에 만나면 몰라보게 변했다고 느껴도 다 커서 사귄 친구들은 아무리 오랜 시간이 흐른 뒤 다시 만나도 '하나도 안 변했네. 그대로야!'라고 말하는 것만 봐도 그 말에 수긍이 간다.

전 생애 중에 가장 순수한 자기다움을 가질 때가 바로 어린 시절일 것이다. 어릴 때는 사회적 관계가 적은 만큼 자기가 가지고 태어난 성향대로 순수하게 살아갈 수가 있다. 하지만 나이가 들고 점점 사회적 관계가 늘고 복잡해지면서 많은 사람들이 새로운 습관을 형성하게 되어 기질과 다른 성격으로 살아갈 확률이 높아지게 된다.

점점 습관이 모여져 이루어진 성격이 어느 시점에 이르러서 기질을 앞질러 버리는 것이다. 그때가 인생의 변곡점이 된다.

좋은 성격 형성을 위해서는 좋은 환경과 좋은 습관은 필수이다. 러시아 대문호 도스토예프스키의 명언에 이런 말이 있다. "너의 방을 보여라. 그러면 너의 성격을 알아맞히겠다." 네 방을 보이라고 하는 것은 마음만큼 보여주기 힘든 방을 보면 그 사람의 일상과 습관, 마음 등이 보이고 성격이 보이기 때문이다. 사람은 성격대로 사는 것이 아니라 사는 대로 성격이 된다. 습관은 바로 성격이다. 여기서 우리가 주목해야 할 것이 있다. 성격을 바꾸고 싶다면 습관을 바꾸면 된다는 것이다.

하지만 자신의 성격이 어떤지 조차 제대로 모르는 사람들이 있다. 본인의 성격을 알고 싶다면 습관을 점검하면 알 수 있다. 만약 어렵다면 타인에게 문의하는 것도 좋다. 자신을 조금 더 객관적으로 볼 수 있는 누군가가 있다는 건 큰 행운이라 생각하고 물어보자.

자신의 성격에 대해 알지 못하는 이상, 성격의 변화에 대한 노력은 없다고 봐야 한다. 그뿐 아니라 자신의 타고난 기질적 성향을 확실히 알고 있는 사람은 더더욱 드물다. 자신의 기질과 성격의 조화가 잘되면 다행이지만 기질과 성격이 극과 극의 부조화를 이룬다면 그 경우 문제가 발생할 수 있다. 그런 경우 도형심리에서는 기질과 전혀 다른 성격을 가면 썼다하여 마스크 기질이라고 부른다.

도형으로 떠나는 재미있는 마음여행

예를 들어 타고난 성향이 외향적이며 적극적인 기질인데 현실에서는 내향적이며 소심한 성격으로 살고 있다면 그 사람은 원래의 자신과 전혀 다른 유형으로 살아가고 있는 것이다. 살아오면서 겪은 수많은 경험으로 인하여 본래의 기질대로 살지 못하고 정반대의 성격을 형성하게 된 것이다. 이렇게 마스크 기질로 살아가는 사람들은 많은 상황에서 스트레스와 혼란을 느끼며 심한 경우 마음과 몸에 질병이 오기도 하는 등 삶이 평탄하거나 순조롭지 못하다.

자신의 기질과 성격에 대해 제대로 파악하고 있는 사람은 마스크 기질이라도 기질적 약점을 성격의 강점으로 보완시키려고 노력하지만 그렇지 않은 사람은 혼란스러워하거나 무의미한 시간들을 보내기도 한다.

상담을 하면서 도형그림을 분석해보면 마스크를 쓰게 된 원인이 거의 대부분이 환경에 있는 경우가 많다. 활달한 기질이라도 유교적이거나 엄한 부모 밑에서 자라난 사람들은 내성적인 성격이 많고, 조용한 기질이라도 활동적인 부모 밑에서 자라난 사람들은 외향적으로 살 확률이 높다. 자기중심적이고 가부장적인 남편과 사는 아내가 적극적인 본연의 모습과는 다르게 수동적으로 살아가기도 한다. 그래서 도형을 활용해 심리분석을 할 때 기질과 성격의 조화를 잘 살펴야 한다.

P라는 사람이 있었다. 그의 직업은 스피치 강사였다. 그는 대

인공포증이 있어 사람 만나는 일이 너무 두려워 사회 생활이 힘들자 많은 고민을 했다. 우연히 스피치 학원을 홍보하는 현수막을 보고 '바로 저거다!'라고 무릎을 쳤다. 자신이 나아질 수 있는 길은 스피치를 전문적으로 배우는 길밖에 없다고 여겨 그 길로 달려가 등록하고 배우다 보니 어느새 예전의 자신과 같은 어려움이 있는 사람들을 가르치게 되었다. 그런데 사람들에게 자신의 경험담을 들려주며 용기를 주지만 다시 회의감이 든다며 나를 찾아온 것이다. 문득 문득 자신의 소심했던 예전 모습이 되살아나 사람들이 알고 실망할까봐 두렵다는 것이다. 그런데도 스피치 강사를 계속 해야 되는지 의문이 든다고 했다.

도형심리 분석을 해보니 그는 내향의 전형적인 네모 기질이었고 현재 쓰고 있는 성격은 외향적인 세모 성격이었다. 그는 자신의 본래 모습이 불만스러워 일부러 세모 유형처럼 살아가고 있던 것이다. 완전한 마스크 기질이었다. 원래의 자신과 전혀 다른 가면을 쓰고 살아가는 게 쉽지 않았을 것이다. 하지만 그에게는 네모 유형이 가진 차분한 내적인 카리스마가 있고 그것은 분명 다른 사람을 긍정적으로 이끌 수 있는 리더십을 발휘했을 것이다.

나는 그에게 기질을 바꿀 수 없지만 마스크 기질로 살더라도 기질이 갖고 있는 강점에 성격의 강점을 더한다면 오히려 다른 조합보다 금상첨화일 수 있음을 말해주었다. 그리고 기질을 억지로 바꾸려고 하지 말고 태도를 변화시켜 볼 것을 주문하였다. 몇 개월 후 다시 만났을 때 그는 한결 표정이 편해 보였다. 생각을 바꾸니까 태도가 자연스럽게 변화되고 있음을 느끼며 스트레스도 훨씬 줄었다고 말했다.

위와 같은 경우는 마스크 기질을 극복하고 그 상태를 최적화시키려고 노력하면서 달라져가는 경우이다. 하지만 가면을 써서 너무 힘이 든다면 과감히 가면을 벗거나 바꿔 써야 한다. 스트레스가 지나치면 스스로에게도 악영향을 끼치며 결코 좋은 결과를 기대할 수 없기 때문이다. 가면을 쓰지 않고도 원래 자신의 모습으로 살아가기 위해서는 용기와 자신감이 필요하다. 자신감이 없으면 가면을 벗지 못한다. 평소 마음의 회복이나 자신감을 향상시켜줄 훈련 등에 힘써 보라. 인간의 가장 위대한 힘은 자신의 가장 큰 약점을 극복한 데에서 생겨난다고 한다.

페르소나에 관한 이야기를 하면 사람들은 종종 나에게 묻는다.

"선생님은 어떤 사람입니까?"

대부분의 사람들은 "직업은 ○○이고, 두 딸의 아빠(엄마) 입니다"라고 말한다. 자기 자신에 대한 설명으로 사회적으로 규정된 나의 위치가 아닌 순수하게 자신에게 집중된 형용사가 나이길 희망한다. 다시 나에게 묻는다면 "나는 꽃을 좋아하고 글쓰기가 취미인 차분한 성격을 가진 사람입니다. 때로는 아주 열정적으로 하고 싶은 일을 도전합니다"라고 답하고 싶다. 그럼 당신은 어떠한가?

인연과 악연 사이,
도형과 사랑.

●
▲
S

많은 종교가 공통으로 내세우는 메시지가 있다. 바로 '사랑'이다. 서로가 서로를 사랑하는 마음은 신이 주신 최고의 선물일지도 모른다. 사랑이란 말은 생각하면 사탕처럼 달콤하며 듣기만 해도 설렌다. 전 언어를 통틀어서 사랑이라는 단어만큼 강렬하고 선명하며 아릿한 단어는 없을 것이다. 죽을 때까지 사랑에 웃고 사랑에 운다. 사랑하는 마음을 가지고 있으면 백 가지면 백 가지가 다 아름답게 보인다. 한 사람을 진심으로 가슴에 품는다는 것은 심장을 뜨겁게 덥히는 일이며 아름다운 사랑의 순종자가 되게 한다.

여기까지가 사랑의 전부라면 얼마나 좋을까? 하지만 사랑은 결코 달콤하기만 한 것이 아니다. 사랑의 또 다른 이름은 아픔이다. 모든 이들이 간절히 원하는 만큼 오히려 깊은 아픔을 주는 것도 바로 사랑이다. 사랑하는 이에게 이별을 고해야 할 때, 준비되지 않은 이별을 맞이할 때, 우리는 세상에서 가장 아픈 일을 감당해야 한다.

최근 사랑의 달콤함에 깊이 빠지지 않으면서도 아픔을 덜 받는 방법이 유행 중이다. '썸'이라 불리며 끊임없는 밀고, 당기기로 고도의 심리 싸움이 펼쳐진다. 밀고 당기는 연인들은 '혹시 내가 더 사랑하는 것은 아닐까? 왜 내게 좀 더 사랑을 주지 않을까?' 하면서 더 많이 좋아하는 쪽이 늘 애가타고 불안해한다. 상대의 부족한 사랑을 어떻게 하면 얻을 수 있을지 고민하다가 잡히지 않는 마음 때문에 상대가 떠나갈까 두려워 자기가 먼저 핑계를 대고 떠나기도 한다.

《멈추면 비로소 보이는 것들》이란 책에서 보면 사랑을 할 때 조건을 보고 사랑을 하게 되면 그 조건 때문에 나중에 헤어지게 된다고 말하고 있다. 사랑은 있는 그대로를 바라보며 마음과 영혼을 나누는 것이 되어야 한다. 그래야 헤어져도 추억이 남는다. 내가 더 사랑한다고 억울한 일도 아니고 돌아오는 사랑이 적다고 슬퍼할 일도 아니다. 진심으로 사랑했다면 더 주어도 덜 받아도 그것으로 아름답다.

그러나 많은 연인들과 부부들이 사랑할 때는 모든 것을 다 줄 것처럼 하다가도 사랑이 부족하다고 여기면 서운해 하며 다투다가 헤어진다. 헤어지고 나면 원수가 따로 없을 만큼 악연이 되는

살면서 꼭 알아야 할 도형과 나

경우가 있다. 더 심각한 건 '데이트 폭력'으로 대변하는 물리적 폭력까지 이어진다는 점이다. 애초에 인연인지, 악연인지 안다면 얼마나 좋을까. 그렇지만 사랑이란 감정은 변화기 때문에 알 수 없다.

가끔 사람들이 내게 묻는다.

"어떻게 하면 사람의 마음을 얻을 수 있을까요?"

사람의 마음이란 정말 알 수 없어서 가지려하면 가지려할수록 더 멀리 달아나 버리고, 멀어지려 하면 오히려 더 다가오는 얄궂은 속성이 있다. 이 세상에서 사람의 마음처럼 알기 어렵고 얻기 어려운 것도 없을 것이다. 사랑에 있어 가장 현명한 방법은 너무 가깝지도 너무 멀지도 않게 서로가 잘 보이는 위치에 서서 바라보는 것이다. 너무 가까우면 한 가지만 보이고 반대로 너무 멀면 아무것도 보이지 않기 때문이다.

사람들은 저마다 타고난 특성에 따라 사랑 방식도 달라진다. 알퐁스 도데의 "어려운 것은 사랑하는 기술이 아니라 사랑받는 기술이다"라는 말처럼 사랑하는 사람에게서 사랑을 받으려면 그 사람이 추구하는 연애패턴이나 사랑방식을 알아야 한다. 그것을 모른다면 그 사람의 마음을 얻기가 더욱 어렵다.

내가 대접받고 싶은 대로 상대방을 대접하라는 황금률이 있다. 하지만 그보다 상대방이 대접받고 싶어 하는 대로 상대방을 대접해야 마음을 얻기 쉽다. 사랑하는 것도 사실이고 위하는 마음도 사실이지만 그 사람 방식이 아닌 나의 방식대로라면 결과는 장담 못한다.

각자 자기만의 연애패턴이란 게 있을 것이다. 나의 패턴대로 만나는 상대마다 그대로 적용한다면 언제나 똑같은 결과만을 낳을 뿐이다. 새로운 상대를 만나더라도 예전의 연애패턴에서 크게 벗어나지 않으면 계속해서 같은 현상이 일어나게 된다. 과거 힘든 결과가 계속 이어졌다면 나의 패턴이 어떠했는가를 돌아보고 상대가 추구하는 패턴이 무엇인지 알아 상대에게 맞춰보라. 나의 태도에 따라 나의 사랑이 인연이 될 수도 있고 악연이 될 수도 있다.

다음은 도형별 사랑이다.

동그라미의 사랑

감정이 풍부하고 솔직해서 사랑이 빨리 시작되고 쉽게 타오른다. 어느 날 갑자기 시작된 사랑은 상대에게 급히 다가갈 때도 있다. 서둘러 다가가다가 자칫 자신을 비롯하여 상대에게 마음의 상처를 줄 수 있다. 사랑 표현에도 주저하지 않는다. 분위기에 잘 이끌리며 유혹에 약하다.

순수하고 열정적인 동그라미 유형은 그대로의 사랑을 한다. 한 번 사랑에 빠지면 망설임이 없고 사랑 고백도 잘하는 편이다. 하지만 사랑도 신뢰가 바탕이 되어야 함으로 조금은 천천히 다가서는 노력이 필요하다.

세모의 사랑

자존심이 강하여 사랑도 책임이라고 여긴다. 사랑도 능력이 있어야 하고 한 번 사랑하면 책임을 지려고 한다. 사랑을 비즈니스처럼 하는 경우도 있으며 자신의 능력을 나타낼 수 있는 수단을 써서 사랑을 고백하기도 한다. 주로 사랑을 주도하고 이성적인 사랑을 한다. 아기자기하거나 애교가 별로 없기 때문에 상대방으로부터 불만을 살 수도 있다.

다정다감한 것을 원하는 상대라면 세모의 그런 태도에 지칠지도 모른다. 부드러운 언어를 개발하여 표현에 신경을 쓸 필요가 있다.

네모의 사랑

뜨거운 사랑보다는 우정같은 사랑을 한다. 불꽃같은 사랑이 아닌 한결같은 믿음의 사랑을 추구하기 때문에 자극적이거나 짜릿함은 덜하다. 담담하게 사랑을 이어나가며 신뢰 있는 사랑을 한다. 상대방을 천천히 탐색하여 파트너십같은 사랑으로 함께 멀리 가고자 한다.

보수성이 강한 네모 유형의 사람은 사랑 표현도 잘 하지 않는다. 네모 유형의 사람과 연애 중이라면 표현을 기대하지 않는 것이 차라리 속 편하다. 당신이 네모라면 열정적인 상대방이 답답해서 떠나버릴 수도 있음을 기억하라. 표현하지 않은 사랑은 때로 사람을 오해하게 만들기 때문이다.

에스의 사랑

이들의 사랑은 매일 두근거려야 한다. 종잡을 수 없고 알 수 없는 마음으로 상대를 초조하게 만드는 사람이 많다. 한 번 어렵게 마음을 준 상대에게는 헌신하듯 사랑을 하며 오래 유지한다. 사랑이 끝났을 때 그 원인을 자기 자신에게 돌리는 경향이 있고 사랑의 상처 또한 가장 오래 가져가는 타입이다. 이들에게는 사랑도 예술이다.

다른 유형에 비해 많은 성적 매력을 지니고 있다. 다른 유형에 비해 까다롭게 느껴지는 이유는 에스 유형의 사랑법이 섬세하기 때문이다. 이 유형의 사랑을 얻으려면 느낌 언어를 많이 사용하고 주의해서 반응하는 게 좋다. 당신이 에스 유형이라면 너무 까다롭게 굴지 마라. 상대방이 피곤해서 당신 곁을 떠나게 될 지도 모르니까 말이다.

흔히 "연애할 때는 두 눈을 크게 뜨고 하고 결혼을 한 후에는 한쪽 눈을 감고 살라"는 말이 있다. 사랑에 눈이 멀면 상대방을 제대로 탐색하지 못하게 되고 숨겨진 이면을 보지 못한 체 평생 인생을 좌우할 결혼이라는 중대한 결정에 치명적 실수를 하게 된다.

무작정 사랑 하나만 믿고 결혼을 하지만 막상 결혼을 해보니 하나같이 현실은 사랑과 다르다고 하소연한다. 사랑은 감정이고 결혼은 엄연한 현실이다. 감정과 현실을 구분하지 못하고 감정 하나로 시작되는 결혼 생활은 많은 후회를 낳는다. 연애할 때 보지 못한 많은 것들이 보이기 시작하면서 연애할 때 왜 그것을 알지 못했을까 뒤늦은 후회를 해도 이미 돌이키기엔 너무 많은 대가가 따른다.

어차피 불완전한 인격체로 생활방식이나 기질적 성향이 확연히 다른 사람들이 만나 연애하고 결혼하고 살아가려면 어느 정도 시련과 갈등은 겪게 마련이다. 연애할 때 충분히 알아보고 받아들일 수 있다고 결심했다면 결혼한 후에는 소소한 일들에 대해서는 너그럽게 눈감아 줄줄도 알아야 한다. 사랑은 자체로써 아름답지만 사랑을 더 빛나게 만드는 것은 서로 모난 부분을 감싸주며 부드러워질 수 있도록 기다려주는 일이기 때문이다.

도형으로 떠나는 재미있는 마음여행

영원한 로망,
도형과 행복.

●
▲
S

TV를 보면 하나에 푹 빠져 사는 사람이 있다. 성냥개비로 거북선을 만드는 사람, 샤프만 수집하는 사람, 종이비행기 세계대회 우승자 등 빠져 있는 종류도 많고, 사람도 많다.

개인적으로 인상 깊었던 사람을 뽑자면 십자수를 하는 아저씨가 있다. 특전사 출신으로 날카로운 눈매와 근육질 몸매 그리고 터프함까지 더해진 멋진 남자다. 아저씨의 직업은 농업으로 농사가 끝나면 집에 들어와 십자수를 뜬다. 〈기도하는 성모 마리아〉, 〈아름다운 소녀〉 등 작품에는 세심함과 정성을 엿볼 수 있다. 인터뷰에서 아저씨는 "한 땀 한 땀 따다보면 세상 시름을 잃어버린다"라고 말했다. 세상 시름을 잃어버렸다는 건 십자수와 하나가 된 물아일체物我一體의 경지가 아닐까 생각한다. 아저씨는 십자수를 할 때 최고의 행복을 누리고 있을 것이다.

누군가 십자수에 빠져 자신만의 행복을 느끼듯 우리도 각자 평소에 행복을 느낄 수 있다. 행복을 연구하는 많은 학자들은 사람은 태어날 때부터 행복할 수 있는 요소를 99%나 갖고 태어난다고 한다. 내가 노력할 부분은 단 1%면 된다는 것이다. 이미 행복할 수 있는 충분요소를 갖추었는데도 왜 많은 사람들은 자신들이 불행하다고 여기는 것일까? 그 이유는 간단하다. 행복요소를 갖추었어도 그것을 깨울 단 1%의 노력을 하지 않기 때문이다. 잠자는 99%의 행복을 깨울 수 있는 건 작은 1%의 노력에 의해서이다. 그 1%의 작은 노력이 거대한 힘을 발휘하게 된다. 바로 나의 의식을 변화시켜서 숨겨진 99%의 나머지 행복을 깨어나게 만드는 것이다.

유대인 심리학자 빅터 프랭클의 《죽음의 수용소에서》는 인류에게 행복이 무엇인가를 보여준 책이다. 배고픔, 폭력, 위생 불량, 가혹 행위, 성적 학대 그리고 죽음까지 인간에게 주어진 최악의 환경에서도 삶의 희망을 놓지 않고 행복을 이야기한다.

빅터 프랭클은 끝내지 못한 논문, 다시 한 번 잡아보고 싶은 아내의 손을 위해 죽음의 수용소에서 견디지만 그 안에서 작은 행복을 찾는다. 첫 번째는 하루 동안 유일하게 주어진 혼자만의 시간이다. 그것도 딱 5분이다. 5분의 시간 동안은 사색할 수 있는 시간이다. 두 번째 해가 뜨고, 지는 기적을 보는 일이다. 나머지는 꽃 피는 날, 어쩌다 나오는 간식 등 작은 일에 행복을 느낀다. 우리가 반복하는 범사가 어느 순간에는 행복이라는 설명이다.

조금만 눈여겨보면 키 작은 행복들이 얼마나 자신의 주위에 가득한지, 무심히 지나치는 일상 속에 행복이라 부를 수 있는 일들이 얼마나 자주 일어나는지 알지 못한다. 행복은 멀리서 찾아오지 않는다. 내가 먼 곳을 바라보고 있는 한 가까이에 있는 행복은 영원히 앉은뱅이 행복이 될 뿐이다. 정말 불행해서 행복하지 않은 게 아니라 너무 큰 행복을 기대하기 때문에 현재 가진 행복이 빈약해 보이고 자신이 불행하다고 느껴지는 것이다. 진짜 불행은 자신의 행복을 알아차리지 못하는데 있다. 행복은 내가 무엇을 보느냐가 아니라 어떻게 세상을 바라보느냐에 달렸다. 나의 작은 노력 1%가 결국 100%의 행복한 세상을 만든다는 것이다.

이사하기 전 겪은 일이다. 1층에 혼자 사시는 할머니가 누가 시킨 것도 아니고 돈을 받는 것도 아닌데 거의 날마다 빌라 앞을 청소 하셨다. 할머니 덕분에 낡은 빌라였지만 빌라 주변은 담배꽁초하나 없이 늘 깨끗했다. 작은 화단도 일구어 철마다 빨강, 노랑, 보라색의 예쁜 꽃도 심으시고 정성껏 가꾸셨다.

어느 날 허겁지겁 출근길에 나서다가 벌써 청소를 마치고 화단에 물을 주고 계시는 할머니를 보았다. "할머니, 벌써 청소를 다하셨네요? 힘들지 않으세요?" 괜히 미안해서 나는 겸연쩍지만 밝은 목소리로 말을 건넸다. "아유~ 힘들긴, 오히려 청소하고 나면 마음이 개운하고 얼마나 기분이 좋은지 몰라. 깨끗이 하고 살면 사람들도 다 좋아하고 행복해 하잖아. 그게 좋아서 하는 거야. 다른 거 없어." 할머니는 굵게 패인 주름진 얼굴로 빙그레 웃으셨다. 그 모습이 얼마나 순수해 보이던지 나는 순간 가슴이 뭉클했다.

어떤 사람은 더러운 것을 보면 못 본 척 지나치거나 함부로 쓰레기를 버리는데 남들이 버리는 쓰레기를 치우면서 오히려 기분이 좋아진다는 할머니를 보면서 '행복을 느끼는 관점이란 바로 이런 것이구나'라는 것을 느꼈다.

지역아동센터 다문화가족 아이가 '행복이란 무얼까?'라는 질문에 들릴락 말락 작은 목소리로 "엄마가요, 복잡하면 행복이 오지 않는대요"라고 하던 말이 떠오른다. 어쩌면 할머니처럼 마음이 단순하여 오히려 아름답고 행복하지 않을까 싶다.

심리학 용어에서 자주 나오는 프레임은 세상을 바라보는 마음의 창을 가리킨다. 누구나 세상을 바라보는 프레임이 있는데 그것이 바로 관점이다. 똑같은 세상이라 하더라도 프레임에 따라 세상은 다르게 보인다. 종이로 둥글게 원을 말아 바라보면 둥근 세상이 보이고 손가락으로 사각프레임을 만들어 바라보면 네모난 세상이 보인다. 카메라 렌즈로 바라보는 세상은 또 다르다. 세상은 늘 그대로이지만 프레임에 따라 세상이 달라 보이는 것이다. 내 프레임에 따라 세상은 즐거울 수도 슬플 수도 있고 아름다워 보일 수도 추해 보일 수도 있다. 프레임은 객관적인 것이 아니라 세상을 바라보는 주관적인 관점이다.

이처럼 행복을 느끼는 관점도 주관적이어야 하지만 이상하게도 행복을 논할 때만큼은 객관적인 기준에서 말하는 사람들이 많다. 뭔가 특별한 이유를 붙이고 기준을 세워서 행복과 불행을 나눈다. 행복에는 예를 들어 '돈이 많으면 행복하다, 좋은 직업을 가지면 행복하다'라는 식으로 필요조건이 붙는다. 물론 충분조건은 아니지만 필요조건은 될 수 있다.

하지만 어떤 사람은 그 두 가지가 충분하지 않아도 행복을 느낀다. 그것이 주관적 관점의 행복이다. 심리학자나 경제학자들은 사람들이 행복을 많이 느낄 때는 대략 5가지 조건이 있다고 한다. 첫째 경제적인 안정이 있을 때, 둘째 함께하는 가족이나 연인이 있을 때, 셋째 건강할 때, 넷째 자아실현을 할 때, 다섯째 긍정적 사고방식을 가졌을 때라고 말한다.

그러면 당신은 어떤 프레임을 가졌는가? 사람마다 자신이 생각하는 행복의 가치에 따라 행복의 모습도 달라진다. 다만 행복은 누구에게나 멀리 있거나 거창하거나 객관적이지 않다는 것이다. 도형심리 관점에서 유형에 따른 행복의 척도를 살펴보자.

동그라미의 행복

동그라미의 유형의 사람들은 사람을 좋아한다. 이들의 행복은 어쩌면 단순할지도 모른다. 사람과 함께할 때, 사람과 더불어 좋은 일을 나눌 때, 사람과 내가 연결되어 있어서 혼자라는 느낌이 들지 않을 때 등 사람에게서 행복을 찾고 행복이 온다. 삶의 의미가 사람에게 있다. 사소한 수다로도 교감이 되고 공동체적 동질성을 느끼는 이들은 사람 속에서 더 아름답다. 그래서 주위에 사람이 없으면 우울하다.

세모의 행복

세모 유형에게는 일이 중요하다. 열심히 전진할 목표가 있다는 것에 그들은 살아있음을 느낀다. 자신의 미래와 꿈에 가치를 두기 때문에 성취를 통해 행복을 느낀다. 할 일이 없다는 것은 자신이 무력한 존재임의 방증이고 절망이라고 생각한다. 이들은 사람의 관계가 어려울 때보다 일이 실패했을 때 더 큰 실의에 빠진다. 자신의 능력을 다른 이들에게 인정받지 못하면 자존심이 상하고 우울감에 빠진다. 과업중심적인 특성으로 감성이 다소 건조해 보일수 있으나 일을 할 때만큼은 그 누구보다 에너지가 넘친다.

네모의 행복

네모 유형에게 세상은 안전해야 하고 평화로워야 한다. 그래야 행복하다. 인류의 평화를 지향하는 사람들로 공동체의 평화와 안정을 중요하게 여긴다. 그러므로 공동체 내에서 갈등을 무엇보다 싫어한다. 별 탈 없이 안전 무사고의 생활이 이들의 최대 행복이다.

에스의 행복

에스 유형은 개인주의 성향이 강하고 내성적인만큼 혼자 조용히 자아 충족이 되거나 재능발휘가 될 때 행복을 느낀다. 다재다능한 이들은 한 가지 재능에 집중하는 일이 힘들기 때문에 마침내 집중하여 개인의 목표가 달성될 때 비로소 만족을 한다. 하지만 완벽주의 성향이 강한 이들은 좀처럼 마음속에 행복을 느끼는 일이 드물다. 기준이 높기 때문에 쉽게 자아 만족하는 법이 없다. 다른 사람에 대해서도 마찬가지다.

유형별로 다르지만 행복의 시작과 끝은 하나로 볼 수 있다. 바로 '비교'다. 자신을 남과 비교하는 순간 불행이 온다. 'NO 1'를 외치는 세상에서 'ONLY 1'를 선택하면 된다. 누군가 '왜 사냐?'고 물으면 궁극의 답은 하나뿐이다. 바로 행복하기 위해서다. 행복하기 위한 99%의 조건은 있다. 나머지 1%의 자극을 찾아보자. 도형 안에 그 자극이 있다.

행복은 '무엇'이 아니라 '어떻게'의 문제다.
행복은 대상이 아니라 재능이다.
_헤르만 헷세

CHAPTER 5

유명 인사들과 도형

○△□S

동그라미 유형,
오프라 윈프리.

●
▲
S

세계적인 스테디셀러 《가난한 아빠, 부자 아빠》의 저자 로버트 기요사키. 그가 유명한 건 2008년 미국 서브 프라임 모기지 사태를 예상한 것도 있지만 《가난한 아빠, 부자 아빠》 책을 추천한 오프라 윈프리가 있었기 때문이다. 그녀가 추천한 책은 베스트셀러가 되며 그녀가 진행하는 방송에 출연하면 일약 스타가 된다. 그런 그녀를 세계에서 가장 영향력이 있는 여성이라 부른다.

오프라 윈프리는 20년 넘게 낮 시간대 TV토크쇼 시청률 1위를 차지하며 전 세계로 방영했던 〈오프라 윈프리 쇼〉의 진행자로 유명하다. 그녀의 토크쇼는 25년간 5000회를 진행하였으며 전 세계 140개국의 사람들이 한마음으로 그녀의 토크쇼를 지켜봤다. 그녀는 전형적인 동그라미 유형으로 볼 수 있다.

유명한 이야기지만 그녀의 과거는 매우 불운했다. 미혼모 어머니에 외할머니 손에 자랐으며 9살 때 사촌에게 성폭행을 당한다. 14살 때는 아들을 낳고 미혼모가 되었지만 아들이 2주 만에 죽는다. 세상을 포기하듯 가출한 후 마약에 손을 댄다. 지옥이나 다름없는 그녀의 삶을 구제해준 건 바로 책이다. 책에 있는 수많은 저자를 보며 그녀 역시 꿈을 꾸기 시작했다.

다시 학교로 돌아온 그녀는 라디오 프로에서 일을 하며 동그라미 유형의 장점인 탁월한 언어능력을 펼친다. 1973년 19살 때 아프리카 흑인계 최초로 지역의 TV앵커로 발탁되지만 감정적인 성격으로 방송에 많은 어려움을 겪는다. 슬픈 뉴스가 나오면 감정을 쏟아내고 가끔 분노도 쏟아냈기 때문이다. 결국 방송국에서 쫓겨 난다.

자신을 객관적으로 본 그녀는 감정조절 실패가 아니라 넘치는 감정을 탁월한 공감능력으로 장점화시킨다. 바로 토크쇼였다. 마음 놓고 공감하고 감정전달을 하는 그녀의 방송은 순식간에 인기를 끌었다. 그녀의 이름이 널리 알려지고 많은 사람이 그녀에게 열광했다. 그녀는 자기 이름을 내건 오프라 윈프리 토크쇼를 진행하면서 드디어 모두가 인정하는 토크쇼의 여왕이 되었다. 그녀는 TV의 아카데미상인 에이미상을 30여 차례 수상했으며 20세기 인물 등에 선정되었다. 1991년에 그녀는 107kg이던 몸무게를 2년 동안 달리기를 통해 68kg으로 줄여서 화제가 되었으며 그녀의 긍정에너지는 '인생의 성공은 온전히 자신의 의지와 노력에 달려있다' 는 신조어 '오프라이즘Oprahism'을 낳기도 했다.

"나는 실패를 믿지 않는다. 과정을 즐겼다면 그것은 실패가 아니다."

오프라 윈프리의 유명한 명언 중에 가장 가슴에 와닿는 문구이다. 꿈을 향해 뜨거운 열정을 가진 그녀는 미국인들이 가장 좋아하는 여성 방송인이 되었다. 그녀가 자신의 꿈을 이룰 수 있었던 것에는 그녀만의 특별함이 있었다. 그녀는 자신이 흑인이라는 것을 절대 부끄러워하지 않았고 늘 솔직했다. 사람들도 거짓 없이 솔직하게 대하며 자신을 나쁘게 이야기한 사람까지 용서하며 배려했다. 불우한 환경 속에서 험난한 일을 많이 겪었던 그녀가 많은 사람에게 사랑받게 된 데에는 그녀의 따뜻한 성품과 넓은 마음, 감정을 잘 전달하는 능력, 거기에 하루도 빼놓지 않고 수십 년 째 써온 긍정적인 감사일기 덕분이었다. 그녀는 외롭고 힘든 사람들에게 자신의 따뜻한 가슴을 내어줄 줄 알았다. 그녀가 사람들에게 자주 들려주는 말이 있었다. "걱정하지 마세요. 당신이 누구인지만 알면 됩니다."

숱한 어려움과 좌절을 겪으며 성공의 자리에 오른 그녀의 이야기는 많은 사람들에게 귀감과 감동을 주었고 절망에 빠진 사람들이 그녀에게서 희망을 배웠다. 그녀는 설사 과거가 불행했더라도 과거에 머물러 있지 말고 최선을 다해 인생을 살며 자신을 찾아가라는 메시지를 전했다.

탁월한 언어능력과 공감력으로 볼 때 동그라미형으로 그녀는 재능을 일찍 발견하고 능력을 극대화시켰다. 이렇듯 자신이 어떤 유형인가 아는 건 너무나 중요하다.

오프라 윈프리는 동그라미 유형의 특성을 많이 지녔다. 많이 알려져 있어 어쩌면 또 다시 오프라 윈프리의 일대기를 듣는 것이 식상할지도 모르지만 그녀의 장점이 동그라미 유형의 장점과 너무 닮았기 때문에 그녀를 택했다. 감성이 풍부하여 감정표현에 솔직하고 사람들을 대할 때도 숨김없이 대했던 그녀는 동그라미 유형의 개방적이고 공감적인 태도와 똑같다.

동그라미 유형은 겉으로는 강해 보여도 속으로는 마음이 여려서 쉽게 상처받고 눈물도 많이 흘린다. 쉽게 좌절하지만 긍정적인 마인드가 더 크기 때문에 권면하면 다시 일어서기도 잘하고 동기부여도 잘된다. 따뜻한 성품의 소유자로 불쌍한 사람을 보면 그냥 지나치지 못하고 동정심을 많이 베푸는 데 오프라 윈프리 역시 사정이 딱한 사람들에게 자신의 많은 것을 아낌없이 나누어주었다. 그녀에게서 뜻밖의 선물과 도움을 받은 이들이 셀 수 없이 많다.

공감능력과 말의 순발력이 뛰어나며 감정을 전달하는 일에 탁월한 능력을 지닌 동그라미 유형의 사람들에게 강연가나 상담가가 많다. 삶에 대하여 긍정적인 편이며 즐겁게 살아가려고 노력하는 이들로 과거에 집착하지 않으며 현재의 삶을 누리려고 노력한다. 오프라 윈프리 역시 고난 속에서도 삶의 의지를 꺾지 않았으며 결국 자신의 강점을 발견하여 자신의 삶은 물론 수많은 사람들의 삶에 긍정적 영향을 끼쳤다.

그녀인들 어찌 수많은 인생의 굴곡 속에 두 손을 놓아버리고 싶을 때가 없었을까. 자신을 절망으로 밀어넣는 현실 속에 그녀가 마지막까지 두 손을 놓지 않은 것은 그녀 속에 꿈이 살아 숨 쉬고 있었기 때문이었다. 마음속에 꽃이 피어 있지 않으면 세상 그 어떤 꽃을 보더라도 아름다움을 느낄 수 없듯이 마음속에 꿈이 없다면 현실을 절망적으로만 봐라봤을 것이다.

오프라 윈프리처럼 동그라미의 강점을 발휘하며 사는 사람들이 많이 있다. 특히 우리나라 사람들은 동그라미 유형이 가장 많다. 예전에는 콩 한쪽도 나눠 먹을 만큼 함께하는 것을 좋아했던 민족이었다. 정도 많고 눈물도 많고 흥도 많던 국민성과도 잘 부합된다. 지금은 세태가 많이 변해서 우리라는 의식이 많이 사라지고 개인주의가 점점 강해지면서 요즘 젊은 사람들에게 에스 유형이 많이 늘고 있다. 각박해지는 세상에서 오프라 윈프리가 그리울 때가 있다. 여러 가지 이유로 방송을 하지 않지만 분명 그녀는 희망의 아이콘이고 공감의 대명사라 생각된다.

세모 유형,
현대그룹 고 정주영 회장.

●

▲

S

세모 유형을 배울 때 떠오른 인물이 정주영 회장이었다. '불도저'
란 별명에서 보듯 추진력과 저돌성 등 전형적인 세모 유형이다.
정주영 회장은 한 나라를 좌지우지 하는 기업을 일구었으니 그 안
에 사연도 다양하다. 경영학이나 창업학에서 정주영 회장은 '기업
가 정신'으로 빠지지 않는 소재다.

　정주영은 1915년 강원도 통천군 산골에서 태어났다. 가난한 농
사꾼 아들이 그러하듯 어린 시절부터 농사를 도와야 했다. 더욱
이 장남이란 무게가 늘 따라다녔다. 아버지는 아들 정주영을 새
벽에 깨우고 밤별을 보면서 집에 돌아왔다. 정주영이 초등학교를
마치고 본격적으로 농사일을 시작한다. 정주영의 자서전《시련은
있어도 실패는 없다》를 보면 그의 첫 번째 재산을 아버지께 물려

받았다고 한다. 바로 부지런함이다. 이 부지런함이 신용으로만 쌀가게를 인수했고, 현대조선소 건설, 고속도로 건설 등 현장을 진두지휘하는 큰 역할을 했다.

아버지는 아들 정주영을 성실한 농사꾼으로 키우려했지만 정주영은 농사에 큰 회의를 느끼고 있었다. 봄에 비가 많이 내리면 흉년, 여름에 가뭄지면 흉년, 가을에 서리가 내리면 흉년인 농사에 큰 매력을 느끼지 못했다. 그래서 소 판 돈 70원을 들고 서울로 가출한다. 당시 부기(경리)학원을 다니며 낮에는 부기를 배우고 밤에는 독서에 빠져 산다.

그가 읽고 또 읽었던 책은 나폴레옹 전기였다. 나폴레옹도 코르시카 섬에서 태어나 불굴의 의지로 황제까지 된 인물로 청년 정주영은 왠지 모를 동질감을 느꼈다고 한다. 경리학원을 3개월도 다니지 못하고 아버지에 의해 다시 시골로 돌아간다. 이유는 하나였다. 장남이기 때문이었다. 농사를 도와주며 기회를 엿보던 정주영은 19살에 다시 가출을 감행하고 사업의 기초발판이 된 쌀가게에 직원으로 들어간다.

쌀가게에서 자전거로 배달 다니고 경리학원에서 배운 경리 일을 하며 주인의 신임을 얻는다. 특히 아침 일찍 일어나 가게를 청소하고 복잡한 곡물을 체계적으로 정리했다. 저녁에 다른 직원들은 장기를 두고 놀 때 그는 독서에 푹 빠져 살았다. 쌀가게 주인 아들은 난봉꾼이었다. 난봉꾼 아들에게 쌀가게를 주느니 성실한 직원 정주영에게 운영시킨다. 그리고 딸과 결혼을 시킨다. 쌀가게 운영을 시작한 정주영은 신명나게 일했다.

사업을 확장하기 위해 자동차 수리업을 시작한다. 이때 최초로 '현대'라는 상호를 쓴다. 다른 수리점은 늑장처리를 했다. 정주영은 역발상을 한다. 빨리 수리해주고 금액을 높게 부른 것이다. 그의 예상은 적중했다. 수리점은 고객으로 넘쳐났다. 그만의 통찰력과 직관력이 좋은 것이라 볼 수 있다.

바쁜 나날을 보내던 어느 날 자동차 수리 대금을 받기 위해 관청을 방문했다. 관청에서 건설업자가 공사대금을 받는 것을 보았다. 그 금액이 자동차 수리대금에 수십 배는 되었다. 그 모습에 충격을 먹는다. 같은 일을 해도 받는 금액이 천지차이라는 것이다. 그리고 바로 토건회사를 차린다. 다소 엉뚱한 것 같지만 세모유형의 추진력이다. 세계를 누빌 현대건설을 시작한다.

"나는 어떤 일을 시작하든지 된다는 확신 90%와 반드시 되게 할 수 있다는 자신감 10%를 가지고 한다."

그는 모두가 안 된다고 할 때에도 한 번도 뒤로 물러서는 법이 없었다. 한 번 목표를 정하면 끝까지 해내고야 마는 불도저 같은 사람이었다.

해방이 된 후 영어를 할 줄 아는 동생 도움으로 미군정의 다양한 공사를 따온다. 6.25전쟁이 끝나고 현대 최대 위기라 불리는 고령교 복구공사에 들어간다. 천정부지로 오르는 원자재, 툭하

면 물에 쓸려가는 기초기둥 등 모든 어려움을 뚫고 공사를 마무리
한다. 사채업자들이 매일 방문했고, 집을 제외한 모든 것이 담보
로 팔려갔다. 그렇지만 포기하지 않고 완성한 고령교 복구로 정
부의 신임을 얻는다. 그후 대규모 공사는 현대에게 맡겨진다. 손
해를 보더라도 신용을 택한 정주영의 통찰력이다.

　1968년 제1차 경제개발이 마무리되던 이듬해에 모두가 불가능
하다고 여겼던 경부고속도로를 끝내 완성하였고, 모두가 무모하
다고 말렸던 조선소를 지어 배를 만들기도 전에 해외로 내다 팔기
도 했다. 배를 만들어 팔기 위해 협의를 보다가 한 번도 배를 만
들어보지도 않은 나라의 배는 살 수가 없다라는 말에 그는 오백
원짜리 지폐를 꺼내들고 당당하게 거북선을 내밀었다. 그러고는
힘주어 말했다. "우리나라는 이미 1592년에 세상에서 하나밖에
없는 배를 만들었소, 철갑선으로선 세계적인 선구요." 이런 그의
뚝심과 배짱, 누구도 말리지 못하는 신념은 세계인을 놀라게 했
으며 현대그룹을 명실상부 세계적인 대기업으로 일구어 놓았다.

　"길이 없으면 길을 찾아라. 찾아도 없으면 길을 닦아라."

　정주영의 추진력과 불굴의 의지는 불가능에 끊임없이 도전하
는 원동력이 되었다. 시련은 있어도 실패는 없다던 그의 신조가
여실히 드러나는 그의 어록이 있다. 경영인들을 대상으로 한 설
문조사에서 한국을 대표하는 경영인의 최고 어록으로 선정된 말
이 바로 정주영의 "이봐, 채금자 해봤어?"이다. 채금자는 책임자

를 말한다. 해보지도 않고 어렵다고 생각하는 사람들에게 그는 이렇게 말했다. 요즘같이 취업의 불황의 시대에 고민하는 사람들과 너무 편한 것만 찾으려고 하는 젊은이들에 필요한 말이 아닐까 싶다. 그가 지금의 현실을 바라본다면 역시 같은 말을 할 것이다. 경제가 어렵고 힘들수록 정주영의 저돌적인 성향이 더욱 요구되고 있다. 그래서 그의 많은 어록 중에서도 도전과 용기를 상징하는 이 말이 최고의 어록으로 선정되지 않았을까한다.

또 하나 정주영의 업적 중 거의 기적과 같은 일은 바로 서해안 간척사업이다. 우리나라 서해안의 지도를 바꿔놓은 사실은 실로 놀랍다. 그곳은 조수간만의 차가 심하고 유속이 거세어 방조제 공사가 거의 불가능에 가까웠다. '정주영 공법'라 불리는 폐군함으로 유속을 줄이고 방조제 공사를 마무리한다. 그는 끝까지 포기하지 않았고 기업의 이윤을 넘어 국민과 나라의 미래까지 생각한 그의 도전은 국민의 찬사를 받기에 충분했다.

어마어마한 사우디아라비아 주베일 산업항 공사를 따내는 장면은 영화의 한 장면이었고 제24회 올림픽의 개최지로 "세울, 꼬레아!"라고 사마란치 위원장이 발표하는 감격의 그 순간도 그가 일구어 낸 것이었다. 일본 나고야와 개최지를 두고 경합을 벌일 때 많은 사람들이 우리나라가 망신만 당하고 떨어질 것이라고 예측하며 어느 누구도 적극적으로 추진하지 않았는데 그는 특유의 불도저 정신으로 올림픽 개최를 성공적으로 이끌어 내었다. 그 외

에 소와 함께 북한 방문 등 많은 일을 일구어 낸다. 그의 죽음으로 대한민국 많은 국민들은 슬퍼했다

현대 경제사에 빠지지 않는 인물은 현대그룹 초대 정주영 회장과 삼성그룹 초대 이병철 회장이다. 둘의 경영스타일은 달랐다. 대규모 사업인 건설, 조선은 강한 추진력이 필요한 정주영이 맡았고, 섬세하고 치밀함이 필요한 전자, 섬유, 식품은 이병철이 맡았다. 두 거인이 있기에 지금과 같은 풍요를 누리고 있는 것이다.

네모 유형,
테레사 수녀.

●
▲
S

풀리는 도형이 인생의 답이다

개인, 지역, 국가를 망라하고 위기가 닥치면 종교를 찾는다. 모든 게 과학적이고 논리적인 세상이지만 종교는 인간의 근원적인 힘을 주고 사명을 주며 최후에 버팀목이 된다. 인간이 존재하는 한 종교는 존재할 것이다.

국가 간에 전쟁이 일어난 원인은 다양하다. 그중에 주요한 원인을 꼽자면 종교를 말할 수 있다. 많은 종교 교리 안에는 '사랑'이 있지만 아이러니하게도 그 사랑 때문에 전쟁을 일으키는 일을 보게 된다. 사랑하기 때문에 같은 신을 믿어야 하고 사랑하기 때문에 같은 의식을 거행하라 한다. 종교 원인으로 인한 국가 간의 전쟁으로 세계가 시끄러울 때 2016년 천주교에서 '성인'을 발표했다. 바로 가난한 자의 어머니 테레사 수녀다.

천주교에서 성인이 되기 위해서는 2가지 기적이 일어나야 한다는 조건이 있다. 일어난 기적을 확인하고 협의하기 위해선 상당한 시간이 걸린다. 프랑스의 영웅 잔다르크의 경우 성인으로 추대될 때까지 몇백 년이 걸렸다. 테레사 수녀의 경우 사후 19년이 걸렸다. 매우 이례적인 일로 그만큼 그녀를 사랑하고 존경했던 사람이 많다는 뜻이다.

마더 테레사는 유고슬라비아에서 태어났다. 그녀는 학창시절부터 선교활동과 성인들의 삶에 관심이 많았다. 그녀 나이 12세 때, 나중에 인도에 가서 가난한 사람들을 돕고 싶다는 꿈을 가졌다. 18세가 되자 그녀는 정든 가족을 떠나 로레토 수녀회에 들어갔다. 그러고 나서 3년 후에는 인도로 가 수녀회 부속학교에서 십여 년 동안 학생들을 가르치다가 그곳의 교장선생이 되었다.

그녀의 나이 34살이 되었을 때에는 "거리로 나와 가난한 사람들을 돌보라!"라는 하느님의 '부르심 속의 부르심'을 받고 가난한 사람들 중에서도 가장 가난한 사람들을 돕기로 했다. 하지만 교단은 이미 수녀회에서 평생을 바치기로 맹세를 한 그녀가 거리로 나가는 것을 쉽게 허락하지 않았다. 그후 2년 만에 빈민가에서 일할 수 있는 허락을 겨우 받고 그녀는 빈자들의 거리로 나왔다.

거리에는 굶주림에 지쳐 거리에 누워 있는 사람, 부모에게 버림받은 아이들, 쓰레기더미 위에 누워 죽어가는 사람들, 살이 썩어가고 있는 나병환자들로 넘쳐났다. 거리로 나온 영국계 수녀에

게 도움이 절실함에도 불구하고 종교가 다르다는 이유로 인도인
들은 냉담한 반응을 보였다. 그녀는 가장 낮은 자들과 함께하기
위하여 수녀복을 벗고 인도에서 가장 가난하고 미천한 여성들이
입는 흰 사리로 갈아입었다.

그렇게 해서 종교적 한계를 뛰어넘은 그녀는 빈민가로 들어가
오직 가난한 사람들을 위한 삶을 살기 시작했다. 자기 종교가 옳
다고 강요하는 시대에 테레사는 종교를 뛰어넘어 사랑을 생각했
다고 볼 수 있다.

"인간에게 가장 슬픈 일은 빈곤이나 질병이 아니다. 자신이 이
세상에서 아무 쓸모없는 인간이라고 체념하는 일이다. 그리고 최
대의 악은 그런 사람을 보살펴 줄 이들이 부족하다는 사실이다."

그로부터 그녀의 사랑의 실천은 1997년 임종할 때까지 끊임없
이 계속되었다. '사랑의 선교 수녀회' 설립과 마지막이라도 인간
답게 죽음을 맞이하도록 '임종자의 집'을 열었고 아무렇게나 버려
진 아이들을 위한 '고아의 집'도 세웠다.

그밖에도 아무 치료조차 없이 사람들에게 외면당한 체 고통 속
에 죽어가는 나병환자를 위한 병동과 나병환자들이 가족과 함께
살 수 있는 '평화의 집'을 세웠다. 이웃나라 일본의 가와노라는 목
사는 나병환자를 위한 모금활동을 펼치며 다음과 같은 시를 쓰기
도 했다.

풀리는 도형이 인생의 답이다

얕게 흐르는 물은 소리가 크다.

내 기도여

말이여

행동이여

소리만 크지 않은가

깊게 흐르는 물은 소리를 내지 않는다.

마더 테레사가 어느 날 탁발로 얻은 쌀을 슬럼가의 가난한 주부에게 나눠주었다. 그러자 그녀는 얼마 되지 않은 그 쌀을 반으로 나누어 뒷집으로 가져가는 것이었다. 마더 테레사가 당신은 가족이 10명이나 되는데 부족하지 않느냐고 묻자 그 여인은 환하게 웃으면서 뒷집 사람들은 며칠 째 굶고 있다고 말했다. 가난한 사람들의 맑은 마음을 본 테레사 수녀는 그 후 강연 때마다 '가난한 사람은 아름답다'라고 말했다. 반면 진짜 가난한 것은 사랑받지 못하는 것이라고 했다.

그녀의 업적을 기려 1979년 마더 테레사에게 노벨평화상을 수여했다. 세계인들이 그녀를 축하하며 영광을 찬사했지만 그녀는 끝까지 담담하게 받아들였으며 그녀를 위해 마련된 만찬까지 사양하며 그 비용조차 가난한 사람을 위해 써달라고 소감을 밝혔다. 힌두교가 대부분인 인도에서 아무 대가없이 가난한 자, 고아, 나병환자, 죽음을 기다리는 사람을 위해 봉사하는 테레사를 사람들은 빈자의 성녀라고 불렀다. 그리고 성인의 반열에 올라갔다. 업적도 위대하나 그녀의 마음에 감동을 한다. 같은 세상을 살아도 이렇게 아름다울 수 있는지 모르겠다.

얼마 전 모 지역에 있는 복지시설이 큰 이슈가 되었다. 2년 사이에 100여 명이 넘는 사람이 죽었던 것이다. 국회의원의 발표로 온 국민이 충격에 휩싸였다. 그동안 관리감독이 미흡한 건 종교단체에서 위탁을 받아 운영을 했기 때문에 허술하게 관리했다는 것이다. 즉 종교단체에서 운영하는 복지시설은 믿을 만하다는 뜻이다. 오히려 종교를 빙자해 일부의 사람들이 악행을 저지르고 있지는 않은지 생각된다. 테레사 수녀가 그리운 건 자본논리가 팽배한 시대에 모든 것을 뛰어넘은 그녀의 사랑이다. 분명 어딘가에 제2,3의 테레사 수녀가 있을 거라 믿는다.

네모 유형의 사람들 중에 평화를 지향하는 사람들이 많다. 워낙 관계 중심형으로 갈등을 싫어하는 이들은 매우 규범적이고 모범적이며 비폭력적인 사람들이다. 네모 유형이 지닌 가치를 마더 테레사는 직접 몸으로 보여주었다. '허리를 굽혀 섬기는 자는 위를 보지 않는다'며 자신의 몸을 가장 낮은 데로 낮추어 빈자들을 품은 마더 테레사 수녀. 그녀는 각박한 현실에서 진정한 희생과 봉사라는 것이 무엇인가를 알게해준 사람이었다.

사람들의 욕망은 다양하다. 욕망이란 채우면 채울수록 끊임없이 생기고 욕망이 클수록 번민과 절망 또한 깊다. 욕망에는 마침

표가 없다. 많은 사람들이 욕망의 노예가 되어 힘든 삶을 살아가지만 오직 하나의 소망으로 모든 욕망을 버린 사람이 그녀이다. 다른 이를 위해 헌신하는 삶을 산 그녀의 삶은 지독하게도 단순했고 그래서 더 아름다웠다. 그녀는 욕망을 이루라고 말하지 않는다. 욕망은 채우는 것이 아니라 다스리는 것임을 그녀는 직접 보여주었던 것이다.

그녀가 떠나면서 남긴 재산은 고작 허름한 수녀복 두 벌 뿐이었다. 쭈글쭈글한 손과 주름투성이인 마더 테레사의 미소는 모든 가난한 이들에게 보여주는 어머니의 미소였으며 세상 그 어느 것보다 값진 사랑이었다. 누가 알아줄 것을 바라지도 않았으며 묵묵히 실천했던 그녀가 진정 바란 것은 오로지 가난한 이들과 함께 하는 것뿐이었다. 평생을 하루 24시간 중 18시간을 봉사를 하였던 마더 테레사는 진정한 봉사와 박애는 실천뿐이라는 것을 직접 보여주었다. 가장 숭고한 희생의 삶을 살다간 마더 테레사는 각박한 이 시대에 진정한 성인이었다.

에스 유형,
임마누엘 칸트.

●
▲
S

"두 가지가 마음을 가득 채운다.

항상 새로이 더해지는 놀라움과 경외로.

더 자주 생각하면 할수록 더 오래 생각하면 할수록

그것은 내 위에 있는 별이 총총 빛나는 하늘과

내 안에 있는 도덕법칙이다."

심오한 것 같은 이 글은 임마누엘 칸트의 묘비명이다. 칸트하면 1781년 57살 때 출간한 《순수이성비판》이란 책으로 많이 알려졌다. 철학을 공부했거나 철학에 관심 있는 사람이라면 머리를 쥐어뜯어 가며 읽은 책일 것이다. 이외에도 《형이상학 서설》, 《도덕형이상학 원론》 등 철학, 종교에 큰 영향력을 행사한다.

또 칸트 하면 떠오르는 건 산책과 사색이다. 칸트는 매일 같은 시간에 같은 장소에서 산책을 하며 사색을 했다. 매일하는 산책 시간이 얼마나 정확했는지 칸트를 보고 시계에 시간을 맞췄다고 한다. 그 만큼 매사에 꼼꼼하고 정확했다고 볼 수 있다. 산책에 관한 다른 에피소드가 있는데 산책시간을 어기자 사람들은 궁금했다. 칸트가 말하길 자크 루소의 《에밀》을 읽느라 그랬다고 한다. 《에밀》은 사회계약론자이자 계몽주의 학자였던 루소의 교육학에 대한 저술이다. 교육을 통해서 도덕적 인간을 만드는 것이 핵심 내용이다. 칸트 자신도 그런 생각을 갖고 있었기에 깊은 공감으로 인해 산책하는 것조차 잊은 것이었다.

이런 칸트의 행보를 보면 에스 유형이라 볼 수 있다. 그는 매일 삶을 깊이 사유하고 절제된 생활을 하며 자신의 병적인 불안을 진정시킬 수 있었다. 하지만 보통 사람들은 자신의 우울질적 기질에서 오는 불안과 우울에 얽매이기 쉽다. 칸트는 자신이 그랬듯이 사람마다 자기의 기질에 맞게 건강을 관리해야 한다고 말했다. 분노가 잘 생기고 성격이 불같거나 소심하여 불안하거나 하는 기질적 성향에 따라 건강을 관리하는 법을 배워야 한다는 것이다.

칸트는 1724년 옛 프로이센의 쾨니히스베르크에서 태어났다. 가난한 집안의 11명 아이 중 넷째로 태어난 칸트는 체구도 작았고 병약했으며 우울질 기질을 갖고 있었다. 그런 그가 80세까지 장수할 수 있었던 이유는 자신의 기질에 맞는 절제된 생활과 규칙적인 생활을 했기 때문이라고 전해진다. 그 대표적인 예가 앞에도 말한 산책이다.

그의 고향인 쾨니히스베르크는 도시 한가운데 강이 흐르고 있었다. 강을 사이에 두고 두 개의 섬이 있고 이 섬은 모두 7개의 다리로 연결되어 있었다고 한다. 쾨니히스베르크 사람들은 한 번 건넌 다리는 다시 건너지 않고 7개의 다리를 다 건널 수 있는 묘안에 대해 궁리를 하였고 칸트 또한 큰 관심을 갖고 연구하였으며 드디어 다리 건너기에 성공했다고 전해진다. 하지만 사실 그것은 불가능한 일이라고 많은 학자들은 말한다. 그것이 수학공식에 나오는 그 유명한 쾨니히스베르크 다리 건너기이다.

칸트의 철학은 크게 비판철학과 도덕철학이 있다. 칸트의 가슴속에서는 언제나 빛나는 도덕법칙이 있었다. 묘비명에도 적었을 만큼 내면의 도덕률을 매우 중요시 여긴 그는 자기 저서에 도덕이란 무엇인가를 알려줄 짤막한 이야기로 가게 주인과 어린아이의 예를 들었다.

어느 날 꼬마 아이 하나가 빵을 사기 위해 가게에 들어오는데 주인은 원래 빵값보다 값을 더 불러도 꼬마가 모를 것을 알지만 주변 사람들에게 소문이 날까 두려워 원래의 빵값을 받는다. 그렇다면 이 가게 주인은 도덕적인 사람일까? 아니면 비도덕적인 사람일까? 당신의 생각은 어떠한가? 칸트에 따르면 비도덕적인 사람이다.

칸트는 어떤 행동의 도덕적 가치는 그 결과가 아니라 동기에 있다고 했다. 가게 주인은 양심에 따른 것이 아니라 소문이 나서 자기 평판이 나빠질까봐 바가지를 씌우지 않았기 때문에 결과에 상관없이 동기에 가치를 둬서 비도덕적인 사람이라는 것이다. 칸트는 사람에 대해서 "나 자신이든 다른 어떤 사람이든 인간을 절대 단순한 수단으로 다루지 말고, 언제나 목적으로 다루도록 행동하라."고 말했다.

사람살이에서 보면 사람들은 흔히 자신에 대해서는 의도로 판단하고 타인에게는 행동에 대해 판단을 하는 경우가 많다. 만약 일의 결과가 좋지 않다면 나의 의도는 좋은 의도였으므로 이해받길 바라면서 타인에 대해서는 의도야 어떻든 간에 결과를 불러온 행동에 대해 비판을 한다.

우리가 살아가고 있는 현 다원주의 시대에서는 하나의 정답이란 있을 수 없다. 그래서 끊임없이 삶에 대해 사유하고 정답을 찾아가며 서로 공유하는 것이 어쩌면 지금 우리들의 소명일지도 모른다. 에스 유형의 사람들은 매우 사색적이면서 도덕적인 기준이 높은 사람들이다. 완벽주의 성향으로 질서가 흐트러지는 것을 용납하지 않으며 내적 자유로움을 추구한다.

철학자들이 의례 그렇듯이 칸트 역시 삶에 대해 늘 사유하고 때로는 지나치다 싶을 정도로 생각이 깊고 고지식했다. 칸트는 평생 독신으로 살았다. 한 번은 여자에게 청혼을 받게 되었는데 결혼을 하면 어떻게 될 지를 너무 오래 생각하느라 덧없이 시간이 흘러갔고 마침내 결혼하려고 마음먹고 여자를 찾아갔더니 이미 다른 남자와 결혼하여 아이까지 낳은 상태였다는 것이다. 그가 얼마나 오래 생각하는지를 알 수 있는 대목이다.

몸이 약했던 칸트는 태어나서 한 번도 쾨니히스베르크를 떠나지 않았다고 한다. 하지만 칸트는 다양한 만남과 많은 독서, 자료 수집 등으로 직접 가본 것처럼 세상과 도시, 사람에 대해서 세세하게 알고 있었다.

그는 고향에서 나고 자라 그 지역의 대학총장의 자리에까지 오르며 유명한 저서들을 남겼다. 그는 대학교수 시절 자연지리학을 강의했는데 많은 수강생들이 몰려들 정도로 인기가 높았다. 자신은 절제된 생활과 규칙적인 생활을 하면서도 다른 사람에게는 너그러운 편이었다. 마지막 호흡을 거둘 때 포도주 몇 숟가락을 마신 후 대대손손 이어질 위대한 철학을 남기고 영원히 떠나갔다.

칸트의 장례식은 16일 동안이나 지속되었으며 수많은 사람들이 그를 추모했다. 그의 묘비석에는 그가 평생 지니고 살았던 실천이성의 결론인 도덕법칙이 적혀 있다.

나는 칸트를 알아간다는 것이 매우 흥미롭고 재미있었다. 반면 철학의 깊이가 얕은 나로서는 그의 철학을 이해하는데 너무 어려웠다. 그만큼 그의 사상은 난해하게 표현되어 있어서 이해하기가 쉽지 않다. 앞으로 오랜 시간 그의 철학에 빠져 봐야겠다. 철학으

끌리는 도형이 인생의 답이다

로 시작해서 철학으로 답을 내리는 것은 많은 순간 현실과 타협하려는 본능 때문에 힘이 든다. 그럼에도 산다는 것 자체가 철학으로 시작되는 것을 부정할 수 없다.

칸트는 우울질 기질을 가진 사람으로 매우 생각이 많았으며 깊었다. 그래서 철학자로서의 삶이 가장 그에게 잘 어울렸을 것이다. 그는 자신의 우울질적 기질을 극복하기 위해 많은 저서와 강의와 강연, 연구에 몰입하였으며 하루도 멈추지 않고 규칙적이고 질서정연한 생활로 기질적 약점을 보완했다. 그와 더불어 위대한 소크라테스가 '자신은 삶에 대해 아무것도 모르며 자기가 아는 것은 자기가 아무것도 모른다는 것을 아는 것뿐이다'라고 했듯이 인간의 삶에 필요한 본질적인 질문과 답을 찾아내기 위해서는 묵은 생각을 비워내고 끊임없이 사유해야 한다는 것이다. 비워져야 차오르니까 말이다.

남들과 다른 생각을 하는 것,
다른 길을 가는 것을 오히려 축복이라 생각하라.
_마가렛 대처

CHAPTER 6

세상에 관한
새로운
플랫폼

○△□S

리얼리티로 산다는 것의.
의미.

●
▲
S

고혈압이 심해 하반신 마비가 온 91세 할머니가 계신다. 할머니의
별명은 '역사백과 할머니'다. 20년 전 하반신 마비로 집안에만 있
던 할머니에게 위안을 준 건 역사책이었다. 그후 역사책에 푹 빠
져 독서와 공부를 한다. 배움의 열정이 얼마나 강한지 화장실을
갈 때도, 밥을 먹을 때도 독서를 했다. 할머니는 160개 국가와 수
도를 다 외우고 있었고 나라별 탄생, 발전과정과 세계 전쟁사까지
술술 이야기했다. 말 그대로 안방에 앉아서 세계를 꿰뚫고 있다.
TV에서 할머니의 말 한 마디가 지금도 기억에 남는다. "60살만 되
었어도 박사라도 하고 싶다"며 가슴속 소원을 말했다. 나는 물론
많은 시청자들을 반성시킨 소원이다. 91세에 박사를 꿈꾸는데 하
물며 아직 젊은 나는 무엇인들 못하겠는가.

세상에 관한 새로운 플랫폼

'역사백과 할머니'는 물론 나 그리고 이 글을 읽는 모든 사람들은 일생一生을 살고 있다. 천하를 손에 넣고 있어도 일생이다. 한 번 뿐인 삶이다. 즉 삶은 리얼리티다. 할머니는 역사공부와 독서를 통해 일생을 살고 있고 우리 모두는 각자 위치에서 리얼리티로 살고 있다. 후회하는 삶도 한 번, 보람찬 삶도 한 번, 밋밋한 삶도 한 번이다. 그렇기에 흘러가는 지금이 너무나 소중한 존재다. 대충 보내서는 안 된다. 최선을 다해야 한다. 가슴속에 품고 있는 소원이 웅대하든, 소소하든 차근차근 시작해 보는 게 어떨까. 딱 한 번뿐인 현재가 흘러가고 있으니 말이다.

리얼리티 삶에서 '잘 살았다'의 기준은 천차만별이다. 그렇지만 자신을 속이고 타인이 원하는 삶을 살았다면 아쉬움이 남보다 많이 남는다. 지금은 많이 변했다지만 우리나라는 공동체 중심 사회로 공동체를 위한 역할을 강조했다. 예를 들어 장녀의 역할, 아빠의 역할을 생각하면 된다. 자신의 솔직한 모습을 속이고 살아간 사람들이 많다. 최근 중년들 중 '키덜트(아이 같은 감성과 취미를 갖은 어른)'를 많이 볼 수 있다. 더 이상 자신을 속이지 않고 자신이 원하는 삶을 사는 사람이 늘고 있다.

언어습관도 그렇다. 우리는 평소 살아가면서 얼마나 내 자신과 상대에게 솔직해질 수 있는가. 하고 싶은 말들을 목구멍 너머로 꼴깍거리며 머뭇거리던 날들과 아닌 척 표정을 연기하던 날들이 많지 않았는가.

끌리는 도형이 인생의 답이다

"나는 괜찮아요. 신경 쓰지 마세요."

하지만 그다지 괜찮아 보이지 않는 표정으로 이렇게 말을 하면서 상대가 속아줄 거라는 어쭙잖은 생각을 한 적도 있을 것이다. 마음에 가면을 씌우고 아프지 않은 척, 슬프지 않은 척, 부럽지 않은 척, 두렵지 않은 척, 힘들지 않은 척하면서 괜찮은 척을 한 적도 많을 것이다.

자존심이 강한 사람일수록 무의식 속에서 자꾸 튀어나오려고 하는 감정들을 억지로 누르고 다른 사람들에게 보기 좋은 모습을 보이려고 애를 쓴다. 만약 감정을 들키거나 자신의 약한 모습이 드러났을 때 사람들이 평가하게 될 자신의 모습에 두려움을 가지고 있기 때문이다. 자신의 감정을 숨기는 것보다 오히려 감정을 과장되게 드러내는 편이 차라리 낫다. 감정이란 누르면 누를수록 내면에서 더욱 생생히 터져 나오려고 발버둥을 치고 그것을 계속 억압하다가는 결국 병이 날 수도 있기 때문이다. 반면 아픈 척, 슬픈 척, 많이 힘든 척하는 것이 남들로부터 위로나 도움을 받을 수 있는 계기나 기회를 만들 수 있다. 내성적인 사람이거나 원래 성향이 남에게 폐를 끼치는 것을 싫어해 아닌 척하는 경우도 있다. 그 어느 경우라 하더라도 감정에 가면을 덧씌우는 것은 결국 자신에게 고통스런 일이다.

어른인 경우 아닌 척 살아도 사회적 경험이 많기 때문에 그나마 회복탄력성이 높지만 나이가 어리다면 자기 마음과 생각을 감추고 살기에는 너무 힘들다. 그만큼 사회적 경험이 적고 기회가 한정되어 있어서 회복탄력성이 낮아 심리적으로 매우 불안하다. 그래서 어른보다 아이들이 훨씬 극단적인 선택으로 자신을 내몰 수가 있다.

사람들은 나이를 먹을수록 책임이라는 굴레에 자유의지를 저당 잡히기 쉽다. 현실적인 고민 앞에 어쩔 수 없이 포기하게 되는 것들이 많아지고 자신의 감정과 행동을 구속한다. 자유에 따르는 책임 때문에 괜찮은 척 아닌 척 살아가는 동안에 내 안에서는 '불행하다, 너무 지친다'라는 부정적 자의식들이 자라나게 된다. 나중에는 감당하기 힘들 정도의 무게로 삶 전체가 휘청거릴 수도 있다.

가끔은 어른들도 그래도 되는 것들이 있어서 마음껏 흔들려 봤으면 좋겠다. 아닌 척 살아가고 있는 어른들에게는 속이라도 시원해지게 한바탕 감정을 발산시키고 마음껏 소리라도 지를 수 있는 짧은 유효기간의 자유이용권이라도 있다면 좋겠다. 이처럼 가슴 답답한 어른이 되지 않기 위해 아이들에게 어른이 되기 전 감정을 조율하고 표현하는 방법을 배우는 시간이 있어야 한다. 그런 시간도 없이 그냥 어른이 되어버리는 아이들은 커서도 똑같이 자신을 숨기고 환상 속에서 욕망을 해결하려 할지도 모른다. 꿈을 꾸는 것도 현실에서 시작되어야 한다. 현실과 동떨어진 꿈은 그저 환상에 지나지 않는다.

끌리는 도형이 인생의 답이다

과거에 나는 매일 아침 배달되는 신문을 보면서 하루를 시작했다. 신문에 보면 기사 말미에 퀴즈풀이나 그날의 운세 등이 실린다. 아마도 머리 아픈 기사나 가슴 먹먹한 기사를 읽고 나서 막힌 가슴을 풀어보라는 의미인 듯하다. 나는 그날의 운세를 보면서 쨍하고 해가 뜨는 하루를 기대하곤 했다. 현실과 다른 뭔가 좋은 일이 일어나기를 바라면서 하루의 운명을 맡긴 것이다. 겨우 하루 운세에 일희일비하면서 하루를 시작하는 것이 결코 기분 좋지만은 않았다. 단지 의지할 곳이 필요했던 때이므로 현실에서 도망치고 싶었다.

나는 수없이 넘어지고 다치는 과정을 겪고 나서야 다시 현실로 돌아왔다. 단 하루라도 내 운명을 운세 따위에 맡기는 일이 얼마나 부끄러운 행동인지 깨달았다. 나의 운명은 내가 가진 마음 자세에 따라 결정된다는 것과 가만히 있어도 쨍하고 해가 뜨는 대박 인생이란 없다는 것, 현실을 외면한 문제해결은 결코 없다는 것을 말이다. 리얼리티로 산다는 것은 오늘 내가 해야 할 일을 하는 것이다. 내 감정에 솔직하고 내 행동에 솔직해지는 일이다. 오늘 내가 보낸 수고와 인내의 하루는 내가 원하는 미래와 연결되기 때문이다.

사람의 삶이란 이미 정해진 운명에 따라 움직이는 것일까?

당신이 어떤 사고와 태도를 가졌느냐에 따라 운명론자와 운명 개척론자로 갈린다. 나의 하루는 나의 사고와 태도에 따라 결정된다. 도형에서도 유형별로 보면 좀 더 자신의 현실을 개척해 나가는 유형이 있다. 바로 세모 유형이다. 현실적응형과 현실순응형이 있다면 세모는 현실개척형에 가깝다.

댄 브라운의 소설《천사와 악마》에서 BBC 카메라 기자인 흑인 여성 마크라에게 어머니는 다음과 같은 가르침을 주었다.

"네가 누구인지 숨기려고 하지마라. 네가 숨기려고 하는 날이 네가 죽는 날이다. 똑바로 서서 밝게 웃어라. 그래서 어떤 비밀이 너를 그렇게 웃게 만드는지 사람들이 궁금해지게 만들어라."

그녀를 비롯하여 어려운 상황을 극복하고 훌륭하게 자란 사람들은 아무리 힘들어도 현실에서 도망치지 않았다. 오히려 현실을 받아들이고 당당하게 맞서 나갔다.

우리가 도형을 알아야 하는 이유도 삶이란 큰 그림을 생각하면 된다. 자신을 속이지 않고 진실된 나를 만나는 과정에 도형이 있으며, 자신이 원하는 것을 향해 나아가는 과정에 수많은 고난이 있겠지만 누구도 아닌 나를 위해 살고 있으니 묵묵히 갈 수 있는 법이다.

돌아올 수 없는 리얼리티의 삶이다. 거짓된 나와 평생을 함께 하는 것보다 진실된 나를 찾고 일생을 살아가는 게 행복이 아닐까 생각한다.

끌리는 도형이 인생의 답이다

하루 감정을 관리하는.
5분.

●
▲
S

어느 유머 게시판에서 본 그림이다. 미국인이 아침에 일어나 기지개를 펴며 한 마디 한다.

"아우~잘 잤다!"

다시 한국인이 등장한다. 아침에 일어나 기지개를 펴며 한 마디 한다.

"아구~죽겠다! 아구~죽겠다!"

문화 차이를 유머로 바꾼 것이다. '죽겠다!' 외치는 하루는 어떤 일이 일어날까.

오늘 아침에 눈을 뜨고 어떤 느낌으로 시작했는가? 무감각으로 시작할 수 있고 긍정 또는 부정으로 하루를 시작할 수도 있다. 아침에 눈을 뜨면서 갖는 첫 느낌은 지난 밤 잠들기 전 마무리 한 감정의 결과에 따라 다르다.

하루에 있었던 일들을 정리하고 흐트러진 감정과 생각들을 모으면서 우리는 하나의 결론을 내고 잠자리에 든다. 마지막 결론에 따라 다음날 시작되는 하루의 표정이 달라진다. 때에 따라서는 밤새도록 내린 결론이 아침에 완전히 뒤바뀌는 경우도 있다. 그것은 마음이 불안하거나 일관성이 부족한 성향 탓일 수도 있다. 어쨌든 하루의 시작이 긍정적이든 부정적이든 그 원인은 전날의 결론이 긍정이냐 부정이냐 하는 것에 영향을 받게 된다.

그래서 나는 모든 신경이 이완되는 잠들기 전 몇 분 동안 집중하여 최대한 이성적이며 긍정적으로 감정을 관리하려고 노력한다. 이런 습관을 들이는 데에는 꽤 오랜 시간이 걸렸으며 지금도 노력 중이다.

나의 우울질적인 에스 유형의 성향으로 무슨 일이 생기면 생각은 종잡을 수 없이 뻗어가고 감정은 분수처럼 흩어지며 불안을 진정시키기 힘들어서 쉽게 잠이 들지 못한다. 잠깐 잠이 드는 경우라도 나쁜 꿈을 많이 꾸었을 정도로 예민했던 탓에 남들보다 몇 배는 더 힘들고 어렵게 감정관리를 한다. 지금도 나는 매일 감정을 정리하고 관리하는 것을 잊지 않는다.

업무 동기부여 중 '2분 넘기기'란 것이 있다. 아무리 하기 싫은 일이라도 2분만 넘기면 집중을 한다는 뜻이다. 2분이면 잡생각이 없어지고 업무에만 집중하게 된다. 싫은 일도 해야 할 때가 있으니 실천하면 좋다.

저녁에 감정을 정리하는 일, 2분 넘기기처럼 우리는 감정 속에서 살아간다. 100% 이성적인 사람은 존재하지 않는다. 평정심을 잘 유지하는 사람도 감정에 따라 흔들린다. 수많은 역사 속 인물 중 감정에 휩싸여 실수를 저질러 사라진 인물은 많다. 감정을 잘 사용하면 공감능력, 스트레스 저하 등 긍정적인 일도 많지만 감정 따라 행동하다가 낭패를 보는 경우도 많다. 그러니 감정을 통제하는 능력도 중요하고 감정을 어느 방향에 사용하는 것 역시 중요하다는 걸 기억하길 바란다.

"우리들 마음 안에는 항상 두 마리의 늑대가 살고 있단다. 그리고 매일 싸움을 하지. 한 마리는 나쁜 늑대로 시기, 질투, 화, 분노, 욕심, 경쟁, 이기심, 교만, 자만, 우울, 절망, 열등감, 의심 등 부정적인 감정이다. 다른 한 마리는 착한 늑대로 사랑, 평화, 희망, 진실, 겸손, 배려, 절제, 온화, 성실, 믿음 등 긍정적 감정이란다. 네 마음 안에도 이와 똑같이 늑대 두 마리가 살고 있지."

감정 안에 담긴 부정적인 늑대와 긍정적인 늑대에 대해 북아메리카 체로키족 추장 할아버지가 소년에게 이야기를 하고 있다. 소년은 해맑은 눈으로 물어본다. "두 마리 늑대 중 누가 이길까요?" 할아버지는 빙그레 웃으면서 답한다.

"그거야 네가 먹이를 더 많이 주는 쪽이 이기지."

이 이야기에서 우리가 관리해야 할 감정이 무엇인지를 알 수 있다. 사람은 감정의 동물로 개인마다 느끼는 주된 감정이 있다. 그것은 성향에 따라 다르다. 긍정적인 감정이 더 많을 수도 있고 부정적인 감정이 더 많을 수도 있다. 그러므로 둘 중 더 지배적인 감정에 의해 행동을 하게 된다.

우리 내면에 있는 선과 악이 수시로 갈등을 일으키며 삶의 많은 순간에 나쁜 늑대는 욕망이, 착한 늑대는 양심이 되어 서로 싸움을 한다. 내가 만약 어떤 선택의 기로에서 하나를 결정하려 할 때 나쁜 늑대가 더 힘이 세면 부정적인 결정을 내릴 것이고 좋은 늑대가 더 힘이 세면 긍정적인 결정을 내릴 것이다.

소년이 더 많이 먹이를 주는 늑대가 힘이 세지고 이기는 것처럼 우리도 삶에서 어떤 감정에 더 힘을 싣고 사용하는지에 따라 결과가 극명하게 갈린다. 이 우화는 인간에게 있는 부정성을 없애고 긍정성을 길러 자신은 물론 나아가 남을 이롭게 만들라는 교훈을 준다. 나는 내면에 있는 두 마리의 늑대 중 어떤 녀석에게 더 많이 먹이를 주고 있는지 한 번 생각해보라.

사실 부정적인 감정이 무조건 나쁘다고 폄하할 수 없다. 부정적인 감정은 현실을 고려하게 한다. 하지만 부정적인 감정의 장점은 이것뿐이다. 앞에서도 다룬 정주영 회장은 스스로 현실적 긍정주의자라 말했다. 우리에게 필요한 건 부정적인 감정이 아니라 현실적이며 객관적인 태도이다. 부정적인 감정을 버리고 긍정적인 감정을 선택하자.

신중한 결정을 위해서는 항상 절제된 감정이 있어야 한다. 넘치거나 그렇다고 부족하지도 않은 딱 필요한 분량만큼의 감정을 유지하고 판단을 내려야 실수를 막을 수 있다. 잘못된 감정은 사고에 영향을 미치고 결정적인 순간을 망치게 한다. 선택에 미래가 달려있는 만큼 감정관리는 필수이다. 사람 관계에서도 마찬가지이다. 현대인들은 치열한 경쟁 사회 속에서 살아남기 위해 신경을 곤두세우다 보니 감정이 늘 예민하고 피곤하다. 스트레스에 지친 감정들을 조절하지 못하여 갈등 관계를 만들어 내기도 한다. 사회인이라면 몇 번씩은 감정을 제대로 다루지 못해 중요한 일을 그르쳤던 적이 있을 것이다.

도형에서 예를 들어보면 동그라미 유형은 감정의 기복이 심하고 솔직한 감정표현과 급한 성격 때문에 다른 사람이 상처를 입기도 한다. 종종 경솔하긴 하지만 솔직함에서 나오는 실수다. 세모 유형도 마찬가지로 성격이 급한데 감정표현은 매우 직설적이고 단도직입적이다. 이들의 경우는 이상적인 생각보다 실제적인 생각을 많이 하기 때문에 동그라미 유형보다 감정의 변화가 적은 편이다. 문제는 너무 야망이 많아 자기중심적이기 때문에 남의 감정에 대한 배려가 적다는 것이다.

네모 유형은 감정표현에 매우 신중한 사람들이다. 쉽게 자기감정을 드러내지 않으며 속으로 삭이는 경우가 많다. 겉으로 보기에 아무렇지도 않아 보여도 해소되지 않은 묵은 감정으로 속앓이를 하는 사람들이 많다. 그때그때 적절한 감정표현은 본인은 물론 상대에게도 오해의 소지가 적고 화해할 시간을 제공해주지만 참다가 한꺼번에 분출하는 감정은 서로에게 상처만 준다.

4가지 유형 중에 감정유입이 가장 많은 유형이 에스 유형이다. 겉으로는 무표정한 그들이지만 가슴속은 분주하다. 요동치는 감정을 냉정한 표정으로 통제한다. 그들에게는 감정이 들어가는 문은 있고 나오는 문은 없는 듯하다. 긍정적으로 말하면 섬세하고 부정적으로 말하면 예민하다. 쉽게 상처를 입고 상처를 받게 되며 자기비하를 잘한다. 넘치는 감정으로 기복이 심하여 감정관리가 그 누구보다 필요한 유형이 바로 에스이다.

감정은 전이가 된다. 나의 기쁨은 다른 이에게 기쁨으로 전이가 되고 나의 슬픔은 또다시 슬픔으로 전이가 된다. 내가 밝고 따뜻한 감정을 가지고 있으면 내 주변에 있는 사람들도 따뜻함을 느낀다. 따뜻함으로 엮어진 관계는 사람에게 정상적인 호르몬을 분비시켜서 신체가 건강하게 발달하도록 만든다. 반대로 관심과 사랑을 받지 못하고 소외된 사람들은 신체적 질병을 일으키기 쉽다고 한다.

감정에 대해 정리를 하자. 하루의 시작은 아침이다. 시작에 따

라 끝이 달라지는 법이다. 아침에 좋은 감정을 유지하기 위해 잠
들기 전 5분만이라도 하루 일과를 정리하고 감정을 관리하는 습
관을 갖자. 긍정의 암시를 보내고 아침에 일어나 긍정의 암시를
받아드리면 된다. 처음이 어려울 뿐이다. 차츰 변화되어 어느 덧
훨씬 커진 자신을 발견할 수 있을 것이다.

세
상
에

관
한

새
로
운

플
랫
폼

관계를 이어주는.
아름다운 공감.

●
▲
S

도형에서 유형에 따른 공감법은 어떠할까?

동그라미 유형의 삶 속에서는 거듭 말하지만 '사람'이 최우선이다. 이들이 경제적 풍요를 원하는 것도 사람과 어울리기 위해서이다. 늘 '사람 – 나 – 사람'이 되어야 한다. 그 속에서 주목받고 인정받는 것을 즐긴다. 사람과 분리되는 것을 견디지 못한다. 열정이 많기 때문에 그러한 자신들의 에너지가 충족이 되고 이해받기를 원한다. 산만한 사람, 체계가 없는 사람이 아닌 인간적이고 긍정적으로 대우받길 원한다. 만약 그들이 울적할 때 술 한 잔 기울이며 어깨를 빌려주거나 누군가 자신을 힘들게 하는 이에게 불만을 터뜨릴 때 같이 맞장구치며 위로해주면 된다. 그저 감정에 동조 해주는 것으로도 '내 편이 있구나'라는 생각에 마음이 회복

끌리는 도형이 인생의 답이다

된다.

세모 유형의 사람들은 삶의 중심에 일이 있기 때문에 자신들이 추구하는 목표에 대해 지지받는 것을 원한다. 자신의 꿈이나 목표가 방해를 받거나 과업달성이 안 되면 큰 스트레스를 받는다. 진정 일이 좋은 사람들이다. 자신이 얼마나 대단한 것을 추진하고 노력하고 있는지 자신의 뜻과 능력을 알아주길 바란다. 만약 일의 실패로 우울해져 있다면 그들의 저력에 대해 칭송하고 자신감을 회복할 수 있도록 도와야 한다.

네모 유형의 사람들은 관계에서 공감적이고 지지적인 환경을 원한다. 매우 경쟁적이고 개인주의적인 환경에 적응하기 어려워한다. 일상사에서 자연스러운 공감은 그들을 편안하게 만든다. 자신이 주목받거나 자신이 최고여야 한다는 생각을 잘 하지 않고 모든 것이 공정하기를 원하는 이들에게 인간적인 공감이 필요하다.

에스 유형의 사람들은 자신의 감정이나 정서에 대해 공감 받지 못할 때 힘들어 한다. 이들이 중요하게 생각하는 것은 마음과 정신이다. 기쁠 때나 슬플 때나 속마음을 잘 드러내지 않는 사람들이지만 진정으로 자신의 마음을 알아주는 사람에게는 자신이 공감 받는다고 느끼며 비로소 마음을 연다. 주의할 것은 어설픈 다가섬은 그들에게 더 허탈감을 준다는 사실이다.

유형별 공감을 아는 게 중요하다. 그렇지만 '공감' 자체를 생각할 필요가 있다. 공감은 사람에게 꼭 필요한 '그 무엇'이다. 상대를 이해하지 않거나 배려하지 않으면 인류 자체는 존재할 수 없다. 잊을 만하면 등장하는 사이코패스는 공감력이 절대적으로 부족한 사람이다. 간단한 예로 웃는 사진 3장과 고통스런 사진 1장을 책상에 놓으면 일반인은 고통스런 사진을 쉽게 알 수 있다. 사이코패스는 다 똑같은 사진으로 생각한다고 한다. 즉 타인의 고통을 인식하지 못하는 것이다. 공감력이 부족한 극단적인 사례 말고도 우리 주변에 공감력이 부족한 사람을 쉽게 찾아볼 수 있다. 또한 내가 잘 안다고 생각했던 사람도 어떤 순간에는 내가 알던 사람이 맞나 할 정도로 그 마음을 알 수 없을 때가 있다.

마음과 마음이 만나기 위해서는 다리가 필요하다. 그것이 바로 공감이다. 사람은 내 마음을 몰라줄 때 상처를 받는다. 마음을 알아주는 사람이 아무도 없다는 생각 때문에 극단적인 선택을 하기도 한다. 다른 사람 마음 안으로 걸어 들어가려면 반드시 공감이라는 다리를 건너야만 갈 수 있다.

우리는 종종 공감이라는 다리를 건너지도 않고 상대방 마음속에 들어가 있는 것처럼 굴며 상대방 마음을 다 안다고 말한다. 아는 것과 느끼는 것은 차이가 있다. 단지 안다고 생각하는 것은 자기 판단일 뿐이며 그럴 때마다 상대방은 자기 안으로 더욱 꽁꽁 숨어버린다. 공감이란 사실적인 이해가 아닌 그 사람 입장에서 감정이나 기분, 생각에 대해 그 사람과 똑같이 느끼는 것이다. 내

끌리는 도형이 인생의 답이다

가 그 사람을 바라보는 게 아니라 그 사람이 되어 그 사람을 바라보는 것이다. 그것이 공감이다.

이에 대해 미국의 심리학자 어빈 얄롬은 상대방의 창으로 바라봐야 공감을 할 수가 있다고 말한다. 상대방의 창으로 보이는 것들은 나의 창으로 보이는 것들과는 분명 다르다. 우리가 흔히 하는 실수 중에 하나가 내가 아는 것을 상대도 알 것이라고 믿는다는 사실이다. 내가 할 줄 아는 것은 다른 사람도 쉽게 할 수 있다고 여기는 것과 같다. 엄마들이 아이와 공부할 때 쉬운 문제도 못 푼다고 타박하는 것처럼 말이다. 내 마음 같은 줄 알았는데 내 마음 같지 않은 것도 상대방의 창이 아닌 내 창으로만 보았기 때문이다.

어빈 얄롬의 《상대방의 창으로 바라보기》, 양창순의 《나는 까칠하게 살기로 했다》에서 보면 이런 요점을 가진 이야기가 소개된다.

어린 시절부터 권위적인 아버지와 불화하던 한 소녀가 성장하여 대학에 들어가게 되었다. 먼 길의 대학교 기숙사까지 데려다줄 것을 아버지께 부탁했다. 그녀는 이것을 계기로 아버지와 쌓인 감정을 풀기를 바랬다. 하지만 그녀의 바람과는 달리 가는 내내 창밖 개울가가 더럽다는 아버지의 불평을 들어야 했고 그녀는 그러는 아버지가 불편했다. 왜냐하면 그녀가 보는 창밖은 아주 깨끗했기 때문이다. 끝내 화해는 무산됐다. 시간이 흐른 후 아버

세상에 관한 새로운 플랫폼

지가 죽고 이번에는 그녀 혼자 그 길을 다시 가게 되었다. 그러자 그녀는 깜짝 놀랐다. 아버지의 말처럼 개울가는 온갖 쓰레기 투성이었다. 개울은 길 양편에 두 갈래로 나 있었던 것이다. 그때서야 그녀는 아버지의 창이 아닌 자기의 창으로만 바라보았음을 깨달았다.

이 이야기가 시사하는 것처럼 우리는 우리의 시각으로만 바라본다. 상대를 이해하기 위해서는 나의 시각이 아닌 상대방의 시각으로 바라보아야 한다. 그리고 반응을 보여야 한다. 가벼운 끄덕거림, 눈맞춤도 말을 대신한 마음의 전달이다. 진정 상대방을 알고 싶다면 내 마음속에 그 사람의 마음으로만 가득 채워보라. 그러면 비로소 그 사람이 자세히 느껴질 것이다. 아주 미세한 고통과 떨림까지 말이다.

그래서 공감은 사람과 사람을 이어주는 가장 아름다운 일이다. 마음의 공명은 공감을 통해 이루어지고 더불어 사는 어울림이 된다. 매슬로우의 욕구이론에 의하면 공감은 애정욕구를 충족시키고 존경의 욕구를 실현시킬 수 있도록 한다. 공감에는 단순한 공감에서부터 숨겨진 욕구까지 파악하는 깊은 공감이 있다. 깊은 공감을 할 수 있을 때까지 공감능력을 키워보자.

조카의 초등학교 1학년 때의 일이다. 한 번은 삐뚤빼뚤한 글씨로 책을 읽고 감상문을 써 놓은 것을 본 적이 있다. 감상문이라기 하기에는 몇 줄 안 되는 짧은 문장이었지만 아이들 눈높이에서 아이들 생각을 알 수 있어서 꽤 재미있었던 기억이 난다.

책 제목은 「성냥팔이 소녀」였다. 아무도 돌봐줄 사람이 없는 고아, 성냥팔이 소녀가 어느 추운 겨울날 성냥을 하나도 팔지 못하고 배고픔과 추위에 지쳐 얼어 죽었다는 내용을 읽고 조카는 소녀가 너무 가엾다고 했다. 그러면서 "성냥팔이 소녀는 진짜 옷이 한 벌밖에 없었을까?"라고 적었다. 옷을 많이 입으면 춥지 않았을 것이라고 말이다. 그리고 배고픈 소녀는 맛있는 음식이 너무나 먹고 싶었을 텐데 "왜 아무도 불쌍한 소녀에게 음식을 나눠주지 않았을까?"라고 썼다.

조카의 감상문을 읽고 웃음이 터졌지만 그 아이의 눈높이에서 소녀는 날씨가 매우 추우니까 옷을 많이 입어야 하고 배고프니까 사람들이 맛있는 음식을 나누어주어야 한다는 것이다. 소녀를 공감하면서 소녀에게 필요한 게 무엇인지 아는 것이다.

공감하는 능력은 내 관점이 아니라는 점을 기억하자. 공감은 상대방의 관점이다. 세심한 관찰과 배려 그리고 유형, 기질을 아는 게 중요하다. 공감력을 키워 조금 더 따뜻한 사회, 사람 관계를 만들었으면 한다.

남보다 잘하려고 하지 말고.
다르도록 하자.

●
▲
S

크리스마스 시즌이 되면 울려 퍼지는 '루돌프 사슴 코' 캐롤를 알 것이다. 이 캐롤에는 사연이 있다. 이 캐롤송에 나오는 루돌프는 1939년 미국의 가난한 작가 지망생 로버트 메이가 쓴 《빨간 코 사슴, 루돌프Rudolph the Red-Nosed Reindeer》라는 동화에 나오는 사슴이다. 루돌프는 빨간 코를 가지고 산타클로스 할아버지의 썰매를 끌고 하늘을 날며 전 세계 어린이들에게 선물을 날라주던 사슴이다.

로버트 메이의 아내는 암으로 병상에 누워 있었는데 그걸로 인해 어린 딸 바바라는 다른 아이들에게 놀림을 당하는 일이 많았다. 어린 딸이 상처를 입는 것을 보고 가슴이 아팠던 아버지 메이는 자신의 어린 시절을 바탕으로 동화 한 편을 쓰게 된다. 반짝이는 빨간 코를 가진 루돌프가 친구들에게 따돌림을 당하지만 밝은

코 덕분에 안개 낀 성탄절 날 산타클로스의 썰매를 끌 수 있게 되었고 다른 사슴들로부터 사랑을 받게 되었다는 내용이다. "루돌프가 아니었으면 우리 일이 실패할 뻔 했어." 산타클로스 할아버지는 루돌프에게 감사했다. 로버트 메이는 딸이 이 책을 읽고 용기를 가지길 바랐다. "루돌프는 곧 내 자신이었다. 내게는 글 쓰는 재주가 바로 빨간 코였다." 로버트 메이는 본인에 대해서도 이렇게 말했다.

여기에서 '루돌프 효과'라는 것이 생겨났다. 단점이라 여기던 것을 장점으로 바꿔주며 잠재되어 있는 능력을 발현시켜주는 것을 루돌프 효과라고 한다. 사실 주변에 루돌프 효과는 많이 볼 수 있다. 난독증을 앓고 있는 미국 여성은 회사 문서 파쇄 업무를 담당한다. 냄새를 맡지 못하는 아노스미아 병에 걸린 어느 남성은 하수로 정비일을 한다. 남들이 단점이라 생각했던 것이 장점이 된 셈이다.

조직 내에서 큰 능력을 갖고 있지만 남들에게 인정받지 못하는 10%의 사람들을 루돌프라고 부른다. 《루돌프 이펙트Rudolph effect》라는 책을 보면 기업인은 눈에 보이는 것보다 눈에 보이지 않는 것에 집중해야 하는데 그 대상이 바로 사람이라는 것이다. 이 책에서는 형식과 결과물보다 사람에 집중하여 남들 눈에는 문제가 많아 보이는 사람일지라도 독창적인 아이디어로 기존 상식을 뛰어넘는 일을 해낼 수 있는 루돌프 같은 인재를 양성하라고 조언한

세상에 관한 새로운 플랫폼

다. 또 단점으로 보이던 것을 장점으로 변환시켜주거나 잠재력을 발현시킬 수 있도록 고정화된 틀이나 잣대를 없애는 산타클로스 교육법을 가르쳐준다.

누구나 루돌프의 빨간 코 같은 능력이 있다. 다만 그것이 잠재되어 있어서 본인조차 모를 때가 많다. 있다손 치더라도 남들에게 당당히 내세우지 못하는 경우도 있다. 남들에게 비웃음을 당할지도 모른다는 생각 때문에 두려운 나머지 자신의 능력을 쉽게 드러내지 못하는 것이다. 완벽주의 성향이 강할수록 그런 현상은 더욱 두드러진다. 심하면 남들과 다른 점을 개발하기는커녕 자신을 비하하거나 열등의식에 빠지는 사람들도 있다. 고정화된 틀에서 벗어나지 못하는 것이다.

집단이 가진 이기로 인해 고정화된 틀 밖으로 벗어나려 하면 제지를 당하거나 자기들 범주에서 아웃시키기도 한다. 그러면서 보편적인 기준에서 벗어난 사람들을 마치 이상이 있거나 나쁜 것으로 간주하면서 아웃사이더, 문제아, 성격 이상자, 독재자 등 많은 꼬리표를 붙인다.

북유럽에 사는 레밍이라는 쥐는 3~4년에 한 번씩 집단으로 절벽 아래로 떨어져 자살을 한다고 한다. 이들은 3~4년마다 집단 대이동을 하는데 시야거리가 30cm로 눈이 너무 나쁜 나머지 앞서가는 쥐 발뒤꿈치만 보고 따라간다. 들판을 달리다가 선두에 선 쥐가 절벽 아래로 뛰어내리면 줄줄이 뒤따라 뛰어내려 자살을 한다. 자신이 왜 달리는지도 모르고 죽음의 질주를 하는 것이다. 일종의 쏠림문화를 빗대어 '레밍 효과'라고 한다. 맹목적으로 남들 하는 대로 따라하는 현대인들의 모습을 잘 나타내주는 말이다. 레밍의 경우처럼 자신의 방향이 없으면 결국 타인에 의해 떠밀리면서 살아가게 되고 무분별하게 부화뇌동하게 된다.

대학에 강의를 가면 많은 학생이 전공 선택에 후회를 한다. 이야기를 들어보면 성적에 맞춰 학과를 선택했다고 한다. 자신이 무엇을 좋아하는지, 무엇을 잘하는지는 고민할 틈도 없이 수능준비하고 입학한 학생이 대부분이다. 우리나라 중·고등학교 교육은 대학 중심이다. 한때 90%가 넘는 학생이 대학을 입학했으니 좋은 대학 입학이 지상과제였다. 이에 따라 성공의 기준도 하나다. 바로 좋은 대학 입학이다. 모두가 좋은 대학에 입학하기 위해 전력투구했다. 그렇지만 좋은 대학은 일부에게 한정되었다. 성공 기준이 획일적으로 좋은 대학에 가는 것이었고 그래서 좋은 대학에 가지 못한 학생은 허탈감이 쌓인다. 모두가 똑같은 성공방식을 어릴 때부터 교육받은 것이다.

요즘은 우리나라가 IT강국이다 보니 인터넷을 활용한 문화가 급속도로 확산되고 있다. 그 속에서 접하는 정보로 인해 우리는 추세라는 것을 금방 받아들이게 되고 핸드폰도 2년도 안 되어 최신 폰으로 바꾼다 남들도 다하고 다니는 메이커를 갖지 못하면 뒤떨어진다고 생각하기 때문이다. 다수의 의견을 의식 안 할 수는 없지만 그것만이 정답은 아니다. 스스로 나에게 맞게 판단하고 행동해야 한다. 남들 다하는 것을 따라하면서 겉모습만 그럴싸하게 포장되는 삶은 아무리 멋져 보여도 내면의 공허함은 채울 수 없다. 남과 비교해서 잘할 필요도 없다. 지금은 남과 다른 자신만의 차별성을 갖는 것이 경쟁무기인 시대가 되었다. 무소의 뿔처럼 혼자서 가라는 말이다. 자신의 방향으로 자신에게 맞는 속도로 나아가면 된다.

사람마다 가진 특성과 재능이 다르기 때문에 우리는 본질적으로 같을 수가 없다. 그런데도 영문도 모른 체 앞서가는 쥐만 따라 목적 없이 질주하는 레밍처럼 남에게 편승해서 살아가는 사람들이 너무나 많다. 그러다 보니 남들 하는 대로 따라하고 남들보다 앞서려고 안간힘을 쓰게 되는 악순환이 계속된다. 1등만을 인정하는 사회도 문제지만 나의 본질에서 떠나 무작정 휩쓸리는 자신이 더 문제다.

"산중에 있는 나무들 가운데 / 가장 곧고 잘 생긴 나무가 / 가장 먼저 잘려서 서까래 감으로 쓰인다 / 그 다음 못생긴 나무가 큰 나무로 자라서 기둥이 되고 / 가장 못생긴 나무는 끝까지 남아서 산을 지키는 큰 고목나무가 된다. / 못생긴 나무는 목수 눈에 띄어 / 잘리더라도 대들보가 되는 것이다."

끌리는 도형이 인생의 답이다

효림 스님의 산문집 《힘든 세상 도나 닥지》에서 보면 비록 남보다 못한 듯 보이더라도 사실은 그것이 나중에는 강점이 되어 자신을 남보다 더욱 성장시켜준다는 것을 알 수 있다.

빛이 있음으로 어둠이 있듯이 우리는 강점이 있음으로 약점도 있기 마련이다. 우리가 태양을 향해 서 있으면 밝은 빛을 보지만 나의 뒤로는 나로 인해 어두워지는 그림자가 있다. 그림자는 나의 약하고 힘든 이면을 나타내며 숙명처럼 안고 가야 할 나의 또 다른 모습이다. 다시 생각해보면 나의 약점이 있으므로 나의 강점이 더욱 빛날 수 있다.

남보다 약점이라 생각했던 것이 나중에는 몇십 배, 몇백 배의 결실로 나에게 돌아올지도 모른다. 루돌프나 못생긴 나무처럼 남과 다르다하여 결코 나쁘거나 단점이 아니다. 우리는 자신이 생각하는 것보다 훨씬 많은 가능성을 가졌다는 점을 잊지 말자. 다만 우리 자신이 그것에 대한 믿음이 부족하기 때문에 용기를 내지 못하는 것이다.

타고난 성향을 이해하고 성향을 최적화시켜 그 가능성을 여는 것이 우리들의 소명이다. 남과 같아지려고 하면서 남들보다 잘하려고 하지 말고 자신에게 어울리는 모습을 찾아 남과 달라지도록 노력하라. 차별화만이 경쟁력을 높이는 지름길이다.

세상에 관한 새로운 플랫폼

도형 이야기
: 하나

●
▲
S

뉴스로 인해 세상이 매일 떠들썩했습니다.

이러다가는 정말 큰일이 날 것만 같았습니다.

불안한 도형들이 어느 날 다 함께 모여 어떻게 하면 행복해질까 고민을 했습니다.

"좋은 일들만 일어나라고 주문을 걸어 봐. 기분이 좋아질 거야."

동그라미가 말했습니다.

"상상 속 행복은 가짜야. 행복해지려면 모든 걸 싸워 이겨야 해!"

단호한 세모의 목소리는 째깍거리는 시계소리처럼 명확했습니다.

"아니야. 행복이란 그저 아무 일 없을 때 찾아오는 거야. 기다리면 이 모든 게 지나가고 행복한 날이 다시 올 거야."

평소에 주로 듣는 걸 좋아하는 네모가 말했습니다.

"진짜 행복해지려면 말이야. 이럴 때일수록 다른 것을 볼 수 있어야 해. 새로움을 발견해야 해."

마지막으로 에스가 진지하게 대답했습니다.

그렇게 자기가 생각하는 행복을 찾아 네 개의 도형들은 각자 길을 나섰습니다.

1년 후에 다시 만나기로 약속하고 말이죠.

세월이 흘러 드디어 1년이 지났습니다.

도형들은 과연 행복을 찾았을까요?

"나는 재미를 찾아 모험을 떠났지. 매일매일 즐거운 일들만 가득할 거라 믿었어. 여기저기 구르는 게 너무 너무 신났어. 하지만 어느 날 비탈길을 구르다가 그만 커다란 바위에 쾅! 하고 부딪혔지 뭐야? 멈추고 싶어도 멈출 수가 없었어. 그때 나는 차분한 네모가 부럽다는 생각이 들었어."

"나 좀 봐. 에너지를 쓰느라 더욱 뾰족해졌어. 남들이 나보고 일벌레라고 했지만 무시했지. 그런데 원하는 목표를 이루었는데도 왠지 모르게 허전했어. 재밌게 사는 동그라미가 무척 부러웠어. 이런 마음 처음이야."

"나는 말이지. 할 말이 별로 없어. 그때랑 지금이랑 똑 같거든.

세상에 관한 새로운 플랫폼

익숙함이 썩 좋은 건 아닌 것 같아. 세모처럼 에너지가 필요해."

"난 생각쟁이야. 매일 생각만 하느라 아무것도 못 했어. 그러다가 어느 날 알게 되었지. 시간이 다 가버리고 없다는 것을."

그들은 서로의 이야기를 들으며 고개를 끄덕였습니다.

그래요. 삶이란 내 생각을 따라갑니다. 그래서 생각을 가끔 점검해 봐야 할 필요가 있습니다. 내가 보기에 그럴싸해 보이는 일들도 사실은 아무것도 아닐 수도 있고 별 거 아닌 것처럼 보이는 일들이 사실은 더 대단할 때도 있지요.

내 생각이 전부일 거라는 생각은 버리세요. 누군가의 생각도 들어보세요. 그 속에서 나만 몰랐던 새로움을 발견하게 될 테니까요. 서로 달라서 생기는 차이가 서로에게 많은 도움이 될 수 있습니다. 관심을 가진다면 말입니다.

위의 네 개의 도형은 자기의 삶 속에 다른 이의 삶 또한 넌지시 받아들이게 된 것입니다. 그래서 자신의 삶을 최적화시키는 것이죠. 나의 삶을 최적화시킨다는 것, 그것이 바로 '행복'이라고 생각합니다.

도형 이야기
: 둘

●
▲
S

옛날 옛적 어느 한 작은 마을에, 사람들이 오순도순 모여 평화롭게 살아가고 있었습니다. 동그라미 세모 네모 에스 도형 4형제도 한 집에서 함께 살았습니다.

마을 한복판에는 커다란 사과나무 한 그루가 심어져 있었습니다. 도형 4형제는 자기들이 태어나기 전부터 그 자리에 사과나무가 있었다는 것 말고는 나무가 몇 살 먹었는지 아무도 몰랐습니다. 올해도 어김없이 사과나무에는 빨간 사과가 탐스럽게 열렸습니다.

사과나무 주인은 마을에서 인심 좋기로 소문난 사람으로 수확철이 되면 가난한 이웃들에게 사과를 나눠주곤 했습니다. 모두들 그런 사과나무주인을 좋아했습니다.

그런데 어느 날 그 많던 사과열매가 밤새 감쪽같이 사라지는 사건이 발생했습니다. 분명 어제 낮까지만 해도 나무에 사과가 주렁주렁 열려있는 걸 보았는데 지금 사과나무는 텅텅 비어있는 게 아니겠어요. 올해도 맛있는 사과를 먹을 수 있을 거라는 기대에 잔뜩 들떠 있던 마을 사람들은 어찌할 바를 몰랐습니다. 깜짝 놀란 건 도형 형제들도 마찬가지였죠.

네 명의 도형 형제들은 긴급회의를 열었습니다. 멀쩡하던 사과나무에 왜 사과가 하나도 남아 있지 않을까에 대해 열띤 토론을 벌였습니다.

동그라미가 말했습니다.

"아마도 사과나무가 수명이 다 했을 거야. 그건 자연의 섭리겠지. 우리가 어쩔 수 있는 일이 아닌 걸. 다음에 시장에 가면 사과나무를 한 그루 사 오자."

네모가 말했습니다.

"아니야, 어젯밤 세찬 비바람에 사과가 못 견디고 떨어진 거야. 떨어진 사과는 꿀꿀이들이 다 먹어치웠을 거야."

세모가 말했습니다.

"혹시 사과 주인이 팔기 위해서 새벽에 다 따진 않았을까? 이웃에게 나눠주고 나면 돈을 벌 수 없을 테니까."

이번에는 에스가 말했습니다.

"우리 마을에 이런 일이 한 번도 없었는데 분명 큰일이 일어날

징조야. 세상에 종말이 오면 어떡하지? 우리가 이러고 있을 때가 아니야. 어서 빨리 대책을 세워야 해."

도형 형제들이 걱정스런 맘으로 토론을 벌이고 있는 사이 마을에서도 사람들이 수군거리기 시작했습니다. 알고 보니 그 범인은 사과나무 주인을 시샘한 옆집 사람이 질투가 나서 사과에 화풀이를 한 것이었습니다.

그때 사과나무 주인이 시샘한 옆집 사람을 찾아 갔습니다. 탐스런 사과를 하나 가득 광주리에 담아 가지고 가서 "이것 좀 맛보시오. 간밤에 바람이 불어서 사과가 다 떨어졌다오. 깨끗이 닦아 왔으니 맛 한번 보시오." 하며 건넸습니다.

사과나무 주인은 옆집 사람을 용서하는 의미로 사과를 나누어 주었던 것입니다. 사과에 화풀이를 했던 옆집 사람은 자신을 부끄럽게 여기며 잘못을 뉘우쳤습니다. 그후로 더욱더 사과나무 주인은 존경받는 사람이 되었답니다. 도형 형제들도 사과나무 주인을 닮기로 했습니다. 함께 나누는 삶을 배웠던 거지요.

어쩌면 나의 모습도 도형 4형제 중 누군가와 비슷할 것입니다! 우리들의 표상으로 사과나무 주인을 떠올렸다면 여전히 당신은 순수한 아이의 마음을 지닌 것입니다.

누구나 각자 생각하는 방식이 있습니다. 우리는 그것을 '관점'이라고 부릅니다. 관점은 사람에 따라 다를 수 있습니다. 없어진 사과를 보고 서로 다른 생각을 했던 도형 4형제처럼 우리 역시 다양한 관점을 가집니다. 차이만 있을 뿐 옳고 그름을 판단하는 기준은 아니랍니다. 중요한 건 세상을 살아가려면 다른 사람의 관점도 존중해야 한다는 것입니다. 그것이 서로 어울려 살 수 있는 지혜로운 방법입니다.

우리 모두 관점이 달라도 사과나무 주인처럼 남의 허물까지 넉넉하게 품을 수 있는 사람이 되었으면 좋겠습니다.

잠시 가던 길 멈추고 걸어온 길을 한번쯤 뒤돌아 볼 여유가 되길 바랍니다.

누구나 각자 생각하는 방식이 있다.
우리는 그것을 '관점'이라고 부른다.
관점은 차이만 있을 뿐 옳고 그름을 판단하는 기준은 아니다.
중요한 건 세상을 살아가려면
다른 사람의 관점도 존중해야 한다는 것이다.

너의 방을 보여라.
그러면 너의 성격을 알아맞히겠다.

_도스토예프스키

CHAPTER 7

사례로 풀어본
도형의 유형과
기질

○△□S

동그라미 유형.

●
▲
S

이 사람이 가장 선호하는 도형은 동그라미이다. 아주 작거나 너무 크지 않으며 적당한 크기의 그림으로 적절한 자기개념을 가지고 있다. 현재의 심리는 에스의 위치로 보아 애정 문제나 건강에 관련된 문제를 생각해 볼 수 있다.

　L은 어렸을 때부터 개구쟁이였다. 그에게 세상은 흥밋거리로 넘쳐나는 놀이터였다. 눈만 뜨면 오늘은 또 무엇을 하고 놀까?로 눈동자가 반짝거렸다. 오죽하면 그의 부모가 그를 '공'이라고 불렀을까. 제자리에 가만있지 못하고 늘상 굴러다니는 공 말이다.

그는 키가 일찍 커 또래 친구들보다 한 뼘은 더 크고 덩치도 좋았다. 그래서 중학교에 입학하자마자 선생님의 눈에 띄어 육상을 하게 되었다. 운동을 시작하고 나서는 이전처럼 책가방을 집어던지고 놀 수가 없었다. 매일 규칙적으로 훈련을 받고 혼자 연습도 해야 했다. 고된 훈련을 받으며 열심히 한 결과 대회에 나가 우승도 했다. 처음에는 권유로 시작했지만 자신이 진짜 운동에 재능이 있다는 생각이 들었다.

앞으로 체대에도 가고 선수로서 성공하려면 운동에만 전념해야 했다. 하지만 그는 큰 덩치 때문에 아이들이 함부로 덤비지 못하는 것을 이용해서 때때로 짓궂은 장난도 자주 쳤다. 추운 겨울 난로에 목탄을 때던 교실에서 선생님이 오는지 망잡이를 세워놓고 담배를 피우기 일쑤였고, 친한 친구와 둘이서 독서실을 돌아다니며 그 당시 학생들의 재산 1호였던 《수학의 정석》과 영어의 《맨투맨》 같은 학습서를 몰래 훔쳐다 헌책방에 팔아 군것질거리를 사 먹기도 했다.

어느 날은 운동장에 세워진 자전거를 아무거나 골라 타고 멀리 하이킹을 갔다가 너무 힘들어 자전거는 버리고 버스 타고 돌아오던 날도 있었다. 그래도 아이들을 직접 괴롭히거나 때리는 짓은 하지 않고 다른 아이들을 괴롭히는 아이들만 골라 응징했다고 한다. 뭐, 그거야 알 수 없지만 훈련받다 힘들 때 틈틈이 벌이는 이런 장난 때문에 고된 훈련을 잘 견딜 수 있었다고 했다. 물건을 잃어버린 주인 입장에서야 아주 속이 쓰리고 화가 났겠지만 말이다. 이게 그의 중학교 시절의 모습이다.

그는 고등학교에 입학해서도 꾸준히 운동을 계속 했다. 이미 진로가 정해졌고 선택의 여지는 없었다. 그러던 고2 어느 날, 그는 오른쪽 다리에 통증을 느끼기 시작했다. 통증은 멈추지 않고 점점 심해지더니 나중에는 견딜 수 없을 정도가 되었다. 검사결과 대퇴부 만성골수염이라는 판정을 받는다. 뼈에 생긴 염증을 제거하는 대수술은 다행히 잘 끝났지만 그는 다리에 새겨진 흉터보다 더 큰 마음의 상처를 입고 결국 운동을 포기하게 된다. 그와 동시에 꿈도 접어야했다. 갑자기 벌어진 상황에 모든 게 절망적으로 보였다. 친구들은 대입 준비에 여념이 없었지만 그는 운동만 해왔기 때문에 입시를 치를 자신이 없었다.

그때 그는 병실이 부족해 소아 과병동에 입원해 있었다. 같은 병실에 골수암을 앓고 있는 2살짜리 여자아이가 있었다. 하루 종일 그 아이를 보면서 지냈다. 처음 자신을 보고 울음을 터뜨렸던 여자아이는 시간이 지나자 낯이 익었는지 L만 보면 방실방실 잘 웃었다. 유일하게 웃을 수 있는 시간이었다. 그러면서 그의 상실감도 조금씩 회복되고 있다.

하지만 2달 후 여자아이가 영원히 하늘나라로 떠나 버린 후 또다시 충격에 빠진 그는 자신을 절망이라는 구덩이 속에 다시 한번 깊게 밀어 넣었다. 며칠을 그렇게 보내다가 그는 처음으로 삶에 대해서 깊이 생각해보게 되었다. 자신 속으로 들어가 자신을 정면으로 마주 보았다. 그곳에는 두려움과 슬픔에 떨고 있는 자신과 진정 무엇을 원하고 잘할 수 있는지 마침내 깨달은 또 다른 자신이 함께 있었다.

'이제부터는 사람들과 함께 하면서 웃고, 웃게 하리라.'

L은 8개월간의 긴 투병생활을 끝내고 고등학교를 졸업하기도 전에 레크리에이션 지도자 자격증부터 딴다. 그리고 여자아이를 기억하며 유아교육을 전공한다. 졸업하고 나서 그는 남자라는 이유로 유치원 면접에 거부당하면서 혹독한 사회 생활이 시작되지만 포기하지 않고 다시 청소년학과에 편입하는 등 계속 공부를 이어 나간다. 레저 레크리에이션 전공으로 석사와 박사를 마치고 대학에서 교수로 17여 년 간 학생들을 가르쳤다. 뿐만 아니라 그는 지금 전국을 다니며 희망을 전하는 강연가로도 활약하고 있다. 그는 말한다.

"내가 나를 알아본 순간 이미 내 삶에 내가 주인공으로 서기 시작했다는 것을 깨달았어요. 내 삶은 남이 결정해주는 것이 아니라 스스로 결정해야 한다는 것도요. 참 힘든 경험을 통해 깨닫게 되었지만 난 이 일이 나의 천직인 거 같아요. 나로 인해 사람들이 웃고 즐거워하는 것을 보면 얼마나 짜릿한지 몰라요. 함께 마음을 열고 공감할 수 있다는 것은 정말 뿌듯한 일입니다. 나는 내 일을 사랑합니다."

가장 절망적일 때 큰 진리를 깨닫게 해주고 떠난 아이를 그는 지금도 가끔 이야기한다. 그를 이렇게 변할 수 있게 만들어준 장본인이기 때문이다. 그를 말썽꾼으로 더 많이 기억하고 있는 학창시절의 친구들은 몰라보게 변한 그가 믿기지 않는다고 한다. 심한 장난을 일삼던 그가 지금은 남을 치유하는 일에 앞장서고 교수로 활동하고 있으니 말이다.

하지만 이미 그에게는 탁월한 재능이 있었다. 긍정적이고 열정적이며 남을 웃게 만드는, 웃음의 코드를 잘 맞출 줄 아는 공감능력이 그의 강점이었다. 그때는 자신의 의지가 아닌 타인에 의해 만들어진 꿈에 가려져 엉뚱한 방법으로 드러났을 뿐이었다. 그의 강연이나 교육 현장에 가보면 허를 찌르거나 반전의 묘미로 사람들을 집중하게 만들고, 진심으로 하는 그의 강연에 쉽게 동화되며 마음을 여는 사람들을 보면서 그가 사람을 공감하고 설득하는 일에 정말 타고났다는 생각이 든다. 운동을 계속했더라면 절대 느끼지 못했을 감정과 경험이라며 그는 자신의 일에 대해서 강한 자부심을 가지고 있다.

그는 동그라미 유형이 가지고 있는 장점 중 공감능력을 십분 발휘하면서 살아가고 있다. 반복되는 훈련과 규칙 속에서 순위가 정해진 목표만을 향해 질주하는 인생을 살았다면 그래도 그는 만족했을까? 분명 아니라고 생각한다. 지금 그를 보면 지금의 삶이 그에게 너무나도 잘 어울리기 때문이다. 자기 자리를 빨리 찾아가라고 인생의 갈림길을 만들어 골수염이라는 이정표를 붙여 놓았는지도 모른다.

동그라미 유형은 슬럼프에 빠져도 어떤 모멘텀이 작용하면 쉽게 일어서는 편이다. 오랫동안 그 자리에 머물러 있지 않는다. 그것이 그들의 장점이다. L은 하나의 계기로 삶의 방향이 달라졌고 지금도 열정적으로 일하고 있다.

세모유형.

●
▲
s

사람들이 그녀를 꽃잎 선생이라고 불렀던 적이 있었다. 꽃잎 선생이라고 하니 마음씨도 예쁘고 다른 사람들을 기분 좋게 만드는 사람이라는 생각을 할 것이다. 그녀가 꽃잎으로 불리게 된 데에는 계기가 있었다. 여름 내내 들풀과 들꽃을 직접 채취해 말린 것을 가지고 사소함으로 소중함을 만드는 아주 멋진 시 쓰기를 선보인 적이 있었는데 그날 이후로 그녀는 이름보다 꽃잎 선생으로 더 많이 불려지게 되었다.

"그 많은 풀과 꽃잎을 어쩜 그렇게 빛깔도 곱게 말리셨어요?

진짜 직접 하신 거예요? 준비하느라 많이 힘들었겠어요. 대단해
요."

시화전에서 그녀의 작품에 감동받은 K가 다가가 말을 건넸다.

"아뇨, 별로 힘들지 않았는데요?. 내가 직접 한 거 맞아요."

그녀는 다소 딱딱한 표정으로 정색을 하며 대답했다. 칭찬의
의미로 건넨 말이었는데 예민하게 반응하는 그녀의 태도에 K는
약간 무안했다. 그래도 아름다운 꽃과 시를 감상할 수 있었으니
괜찮았다. 어느 날 아름다운 착각이 산산조각이 나는 사건이 벌
어지기 전까지는 말이다.

"꽃잎 선생이라구? 전혀 어울리지 않아, 그녀가 얼마나 오만하
고 매너가 없는지 아세요? 자기가 제일인줄 알더라니까요. 그때
꽃잎을 자기가 한 거라고 말할 때도 자기의 능력을 의심받는 것
같아서 그런 투로 대답했나 봐요. 난 칭찬해주려는 마음이었는
데."

듣는 사람마저 숨이 찰 정도로 흥분해서 K가 그녀에 대해 화를
내었다. 평소에 긍정적이고 쾌활한 K가 그렇게까지 화를 내는 것
을 처음 보았다. 요점은 이러했다. 한 소속 단체에서 청소년들
을 상대로 멘토링 활동을 하게 되었는데 우연히 둘이 한 조가 되
어 지역아동센터에 멘토링 활동을 나갔다고 한다. 열심히 준비
해간 대로 멘토링을 마치고 나오는데 끝나자마자 대뜸 이런 말을
했다.

"선생님, 오늘 내용은 우리들의 취지와 맞지 않았어요. 인문학적인 멘토링을 어떻게 그렇게 풀어내시는 거지요?"

당황한 K가 이에 맞서 자신의 의견을 얘기하려고 하니 "됐고요, 앞으로는 그렇게 안 했으면 좋겠습니다"라며 중간에 말을 잘랐다고 했다. 그것도 아이들과 관계자가 있는 앞에서 말이다. "피드백을 해주려고 한 건 아닐까요?"진정시키려고 한 마디 했다가 오히려 그것이 더 부채질을 했다.

"그건 피드백이 아니라 꾸지람이었어요. 마치 어린 학생 다루듯이 다그치고 지시하고요. 그것도 사람들이 있는 앞에서요. 어처구니가 없어 처음에 말문이 다 막혔다니까요. 자존심이 상해서 도저히 참고 그냥 못 넘어 가겠어요."

자신의 이야기는 전혀 듣지 않고 일방적으로 판단하여 명령하듯 말하는 그녀의 태도에 기가 막혔다고 했다. 몹시 기분이 상한 K는 꽃잎으로 시를 지은 것도 단지 자신을 과시하기 위한 행동으로 감성이 메마른 위선적인 사람이라고 평가했다. K뿐만 아니라 다른 사람에게서도 꽃잎 선생님에 대한 부정적 평가가 이어졌다.

자신보다 약하다고 생각되는 사람에게는 매우 위압적이고 권위적으로 행동하다가 윗사람이나 강한 사람을 만나면 매우 협조적인 태도를 취한다는 것이다. 자신이 돋보일만한 자리와 인정받을 수 있는 자리에서는 완전 다른 사람처럼 굴어 기회주의자인 것처럼 느껴졌다고 했다.

또 이런 일도 있었다. 멘토링을 나가는 선생님들이 모여서 사람들을 초대해 공연을 하기로 했다. 주제를 정해서 발표하기로 의견을 모으고 중복되지 않도록 사전에 합의를 보았다. 그런데 도중에 별안간 꽃잎 선생님이 다른 선생님과 똑같은 주제로 변경하면서 문제가 발생했다. 미리 양해를 구한 것도 아니어서 난감했던 그 선생님은 자신이 포기하고 다른 주제로 바꿔야 했다.

"희연 선생님이 양보해주셔서 하시는 것이니 고맙다고 하셔야 겠네요."

누군가 이렇게 말하자 꽃잎 선생님은 화를 내었다.

"양보요? 희연 선생님도 하고 싶음 하세요. 사람마다 색깔이 다른데 자기 방식으로 하면 되는 거 아닌가요?"

다른 사람이 그녀의 말투와 행동을 지적하자 그녀는 한참을 분개했다. 자신이 뭐가 잘못됐냐는 것이다. 자신이 옳고 자신을 지적한 그 사람이 잘못됐다는 것이다.

지나치게 자기중심적이고 자기주장이 강하자 사람들은 그녀와 함께 일하는 것을 불편해 했다. 그녀는 자신이 옳다고 믿기 때문에 다른 사람들이 하는 말이 귀에 들어오지 않는 것이다. 자신감이 지나치면 자만으로 변한다. 다른 사람은 다 보는데 자신만 자신의 단점에 대해서 볼 줄 몰랐다.

그녀는 딱 부러지고 자신감에 차 있어서 한 번 맡은 임무는 아주 잘해 냈다. 과정이야 어떻든 결과물을 훌륭하게 만들어 내었고 다른 사람들로부터 인정도 받았다. 능력을 인정받는 기쁨에 성과를 내기 위해 점점 집념이 강해져 갔고 결과에 집착하는 모습을 보였다. 윗사람들은 주로 결과를 보고 평가를 하다 보니 그녀의 능력을 높이 샀다. 그래서 더욱 자신이 최고라는 생각에 약자에게 강하게 굴었는지도 몰랐다. 그녀는 세모 유형이다. 유형별로 갖고 있는 장단점 중 세모 유형의 장점을 지나치게 많이 써서 오히려 단점이 된 경우이다. 그녀는 꽃잎 선생님에서 어느새 자신만 아는 독선주의자로 불리고 있었다.

자신감과 당당함은 위기에 처할 때 선봉에 서서 사람들을 이끌고 강한 동기부여를 주기도 한다. 정의감도 많고 책임감이 투철하여 앞장서길 좋아하지만 지나치면 독불장군이 되기도 쉽다. 목적과 목표만을 향해 뛰다 보면 감성이 메마르기 쉽고 다른 사람에게 감정이입이 힘들어 공감을 잘 못한다. 많은 사람과 알고 지내도 피상적인 관계가 많고 정작 외로울 때 마음을 나눌 수 있는 사람이 적다. 계획보다 실행이 앞서며 보상이 없는 일에는 관심이 없다. 사람 관계도 그래서 피상적이다. 성공을 위해서 과정을 무시할 수 있으며 다른 사람을 짓밟을 수도 있다.

이것은 세모 유형의 단점에 해당되는 것으로 모든 세모 유형이 냉정하다는 말은 아니다. 단호하고 직선적인 말투는 냉정한 사람으로 비춰지기도 하고 부드럽고 온화한 사람을 주눅 들게 하지만 그런 말투를 오히려 솔직하다고 느끼는 사람도 있다. 모든 면에서 장점도 적당함을 넘어 지나치게 사용하면 단점이 된다.

손자병법에 이런 말이 나온다.

"지피지기면 백전불태. 知彼知己 白戰不殆"

적을 알고 나를 알면 백번 싸워도 위태롭지 않다는 뜻이다. 다른 사람에게 인정받고 싶다면 나의 강한 유형을 누를 필요가 있다. 남을 휘두르려고 하거나 통제하려고 하면서 사람의 마음을 얻기란 힘들다. 내가 제일이라는 생각을 누른다면 배려하는 마음이 더 잘 살아날 것이다. 사람을 얻지 못하면 백 번 싸워도 백 번 다 위태로울 수밖에 없다. 사람을 얻지 못한 성공은 진정한 성공이라고 볼 수 없다.

나도 꽃잎 선생님을 알고 있던 터라 기회를 봐서 넌지시 도형을 그려 보라고 했다. 그녀는 관심 없다는 듯 뭘 이런 걸 그려 보라고 하느냐고 하다가 마지못해 그림을 그렸다. 그림을 보니 그녀의 특성이 한눈에 들어왔다. 역시나 예상대로 그녀는 도드라진 세모 유형이었다. 그녀처럼 세모를 몰입되게 그리는 경우에는 세모 유형의 특성이 훨씬 강하게 나온다. 나는 도형그림을 보면서 그녀에게 여러 가지 이야기를 들려주었다. 마치 도형풀이이지 나의 견해가 아닌 것처럼 말이다. 그녀가 지닌 특성과 남에게 미치는 영향에 대해서 말하자 처음엔 완강히 부정하다가 결국 자조어린 목소리로 이렇게 말했다.

"내가 직선적인 건 나도 알아요. 애매한 건 딱 질색이거든요.

나도 급한 성질을 고쳐 보려고도 했는데 잘 안 되네요. 느려터진 사람을 보면 답답해서 못 참겠어요. 좀 더 노력하면 고쳐질까요?"

물론이다. 자신을 인정하고 남의 의견에 귀를 기울인다면 분명 그녀도 조금씩 달라져 갈 것이다. 세상은 혼자 살 수 없다. 똑 부러지고 완벽한 것도 좋지만 때에 따라 살짝 망가져보는 것은 어떨까. 빛과 그늘이 함께하듯이 사람도 인생도 그러하다. 꽃잎 선생님 이야기를 듣고 뜨끔하거나 그러한 사람을 안다면 도형을 그리게 하고 남의 의견을 듣는 그릇을 조금만 더 키우라고 해보자.

사례로 풀어본 도형의 유형과 기질

네모유형.

●
▲
S

"어머니, 강우가 오늘 교실에서 쓰러졌어요. 지금 양호실에서 안정을 취하고 있는데 와보시는 게 좋겠어요."

갑자기 학교 담임선생님으로부터 걸려온 전화를 받고 엄마는 깜짝 놀라 학교로 달려갔다. 정신없이 도착하고 보니 양호실에서 강우가 힘없이 누워 있었다.

"강우야, 괜찮아?"

"네, 이제 괜찮아요. 걱정하지 마세요. 그냥 조금 어지러웠을 뿐이에요."

오히려 강우가 놀란 엄마를 위로했다.

"죄송해요. 정신을 잃고 쓰러져서 아깐 너무 놀라 전화 드렸어요. 일하시다가 오신 거죠?"

담임선생님이 미안한 듯 말했다.

"아니에요. 선생님이 왜요. 애가 요즘 자라고 해도 자지도 않고 새벽 늦게까지 공부하더니 결국 또 이런 일이 일어났네요. 병원에 좀 데려가 볼게요."

엄마는 강우를 데리고 병원에 가서 검사를 해봤다. 다행히 별다른 이상은 없고 이번에도 원인은 체력저하에 심한 스트레스였다. 강우는 지금 고1이다. 입시를 위해 머리를 싸매고 공부하기엔 아직 여유를 부릴 법도 한데 강우는 그러질 않았다. 비단 강우뿐만이 아니라 대한민국 학생이라면 대입 스트레스에서 자유롭지 못할 것이다. 이것이 우리나라 학생들의 안타까운 자화상이 아닐까 싶다.

강우는 차분하고 내성적인 성격이다. 어렸을 때부터 착하다는 소리를 많이 듣고 자랐고 공부도 잘하는 모범생이다. 친구들뿐 아니라 친구들 부모님, 선생님까지 하나같이 강우를 칭찬하며 좋아했다. 자신이 힘든 것이나 불평불만을 거의 얘기하지 않는 말수가 적은 아이다.

강우의 성향을 엿볼 수 있는 것으로 그의 어린 시절 이야기다. 대여섯 살 무렵인가 며칠 동안 독감으로 끙끙 앓으며 열이 39, 40도로 오르내릴 때도 칭얼대기는커녕 쌕쌕 숨소리만 내며 앓았다. 한 번은 자신이 좋아하는 매운 파김치와 총각김치를 담느라 땀을 뻘뻘 흘리며 씨름 하는 엄마를 보고 있더니 뒤에서 꼭 안아주더란다.

"엄마, 김치 담그는 게 이렇게 힘든 거였어요?" 하면서 말이다. "얘가 왜이래 갑자기." 하면서 짐짓 어색해서 밀어내는 흉내를 내면서도 속으로는 울컥하더라고 했다. 동정심과 배려심이 많고 곧잘 엄마를 도와 집안일을 거드는 속 깊은 아들이다.

이렇게 쓰러지기까지 말도 못하고 얼마나 힘이 들었을까 생각하니 엄마는 가슴이 아팠다. 평소에도 믿음직한 모습으로 묵묵히 공부하면서 걱정돼서 물어보면 괜찮다고 대답하여 그 말만 믿고 더 자세히 살펴주지 못한 자신이 원망스러웠다.

"공부도 좋지만 건강을 잃으면 아무것도 아니야, 너무 공부만 하지 말고 쉬어가면서 해."

엄마는 그렇게 말을 하면서 속으로 많이 찔렸다. 사실 엄마는 강우가 최고의 대학에 입학하기를 바라면서 공부를 많이 강요했었다. 초등학교 때부터 영어원서를 몇 권씩 읽힐 정도로 과외에도 열성적이었다. 아들의 장래를 위해서 해줄 수 있는 것은 전부 해주고 싶었다. 강우 역시 엄마의 말을 꿋꿋이 잘 따라주었다. 그런데 강우가 자주 장염에 걸리고 밤에 잠도 잘 못자는 일들이 많아지자 병원에 데리고 가서 정밀검사를 받아 본 적이 있었다. 의사는 아이를 편하게 해주라고 했다. 스트레스를 너무 받아 장이 약해지고 신경도 예민해진 것이라고 했다. 엄마는 자신이 아들을 그렇게 만든 것 같아 죄책감이 들었다. 그날 이후로 강우에게 공부하라는 말을 많이 하지 않았다.

강우처럼 남에게 폐를 끼치는 것을 아주 싫어하고 갈등이 일어나는 것을 힘들어 하는 성향의 사람들은 주로 많이 참는다. 강우는 자신의 성향과 더불어 남들이 만들어준 이미지에 부합되는 행동을 하며 기대를 저버리지 않으려고 노력했다. 착한 아이 콤플렉스로 아무리 힘들어도 속으로만 꾹꾹 눌러 놓고 있었던 것이다.

강우의 도형그림을 보면 전형적인 네모 유형이다. 네모 유형의 특성이 유난히 강하여 다른 유형이 약해져 있는 상태이다. 긍정적인 면으로는 몰입도와 끈기가 좋고 지적탐구욕이 높아 전문가로 성장할 가능성이 큰 그림이라는 것이다. 느림의 미학이 있는 대기만성형으로 차근차근 체계적으로 일을 진행하며 결코 서두르지 않는다. 마부작침磨斧作針의 인내심을 이 성향에서 많이 볼 수 있다. 강우는 사회적 관계와 공동체에서 평화로운 중재자의 역할을 아주 잘하며 협력을 중시하는 과정지향주의자이다.

하지만 부정적인 측면으로는 그림을 보면 강우가 자신을 너무 많이 억제하고 있다는 사실이다. 내면의 소리를 밖으로 끄집어 내지 못하고 혼자 견디며 괜찮은 척하지만 만약 한계에 다다르면 한 번에 터져 버리는 폭탄이 될 수 있다. 억눌린 감정은 반드시 신체나 마음, 정신적으로 증상이 나타나게 된다. 위장장애나 신경쇠약에 걸리기 쉽고 심하면 분노나 우울증, 무기력증을 느끼게 된다. 우리나라에만 있는 독특한 질병으로 화병火病이 있다. 미국의 정신의학회 DSM-IV에도 화병 그대로 명명되어 있으며 문화증후군이라고도 한다.

이것은 우리나라의 관습과 문화에 관련된 병이다. 예전의 남아선호사상과 가부장제는 우리나라 여성들이 감정을 표출하는 것을 허락하지 않았다. 우리 어머니들이 여자로서의 삶을 무시당한 체 복종과 순종을 강요당하면서 감정을 억누르다가 울화병에 걸려 힘들어 하신 분들이 많았다. 최근에는 남녀노소 가릴 것 없이 이런 울화병 증상을 호소하는 사람이 많아졌다. 암담한 사회적 현실 때문이다. 그런데 강우와 같은 경우는 현실적인 이유보다 성향적인 이유가 더 크다고 할 수 있겠다.

나는 강우의 부모님에게 강우의 성향에 대해서 설명해주었다. 강우에게 빠른 대답과 행동을 강요하지 말고 시간을 많이 주면서 편안한 환경을 만들어주도록 조언했다. 지지적인 환경 속에서 마음을 공감해주고 지나치게 타인을 배려하지 않도록 하고 거절하는 법도 배우며 자신만을 위한 욕심도 낼 수 있도록 이끌어주라고 했다. 강우는 남을 위해 자신이 참고 헌신하는 타입이다. 속에 있는 화, 기쁨, 슬픔, 질투 등 여러 가지 감정을 솔직하게 풀어내는 방법을 배울 수 있도록 해야 한다. 그때그때 풀어내지 못한 감정이 나중에 자신과 남에게 나쁜 영향을 끼치지 못하도록 말이다.

에스 유형.

●
▲
S

C는 매우 FM적인 여성이다. 아주 꼼꼼하고 체계적이어서 실수도 잘 하지 않는다. 매사에 신중한 그녀를 대할 때는 나도 자연스럽게 신중해지고 많은 준비를 하게 된다. 그녀와 얘기할 때는 그녀의 많은 질문을 예상하면서 나도 대답을 생각해야 하고 인내를 가져야 한다.

그녀와 함께 프로그램을 진행한 적이 있었다. 대상은 청소년으로 내용은 진로에 관한 것이었다. 내가 계획서를 작성한 후 검토해서 내용을 정하기로 했다. 나는 그녀의 높은 기준을 익히 알고 있어서 다른 사람과 할 때보다 더 신경을 써서 대주제와 소주제를 분류하여 계획서를 작성했다. 그리고 부록을 만들어 현장에서 응용할 수 있는 프로그램도 별도로 만들어 두었다.

환경과 학생에 따라서 분위기와 특성이 다를 수 있기 때문에 예기치 않은 변수에 대처하기 위해서였다. 어떤 선생님들은 위기를 노련하게 넘기기도 하지만 대다수가 자기가 계획한 대로 되지 않으면 당황하여 원하는 효과를 얻지 못하는 일이 많다. C는 나의 계획서에 대해 자신의 의견을 말했다.

"저는 1단계 2단계 3단계 4단계 단계별로 진행했으면 좋겠어요. 이것은 뭐랄까. 조금 체계적이지 않은 것 같아요. 그리고 조금 더 디테일했으면 해요.

노트를 펼쳐들고 하나하나 기록하기 시작했다. 나도 나름 열심히 짠다고 짰는데 태클이 걸러 조금 기분이 상했다.

"예전에도 해보니 이론만 가지고 하는 것보다 활동의 비중을 높여서 참여를 유도하니 효과가 훨씬 좋았어요. 제 생각이지만 이런 방법도 괜찮을 것 같아서요."

"아! 네. 잘 알겠어요. 그러면 순서만 다시 바꾸면 어떨까요? 제 생각엔 그렇게 하면 좀 더 체계적일 것 같은데요. 그리고 이 부분의 주제를 바꾸어서 다시 연구해보면 좋겠어요."

"네 좋아요. 그렇게 해요."

C는 자신이 오랫동안 독서지도사와 논술교사를 했기 때문에 계

획서를 작성하거나 기획하는 일에는 자신 있다고 했다. 그녀는 완벽주의자이다. 흐트러짐이 없고 질서를 추구하며 아주 세부적인 일에 능통하다. 기준이 높아 계획과 준비가 완벽하지 않으면 마음이 놓이지 않아 늘 철저한 준비를 한다. 그래서 에스 유형이 강한 사람들은 너무 세세한 것에 신경을 쓰다가 시간을 다 흘려버릴 때가 많다. 계획하고 준비하는 데에 너무 많은 시간을 써버린다면 일은 언제 한단 말인가. 신중함이 장점으로 작용하면 시작은 더디어도 실수가 적고 마무리도 깔끔하다. 하지만 단점으로 작용하면 우유부단하여 내 생각만을 고집하고 급박한 상황에서도 돌다리만 두드린다. 이런 바쁜 시대에 돌다리 한두 개쯤은 뛰어넘어야 할 때도 있다. 자신의 직관을 믿고서 말이다.

내가 그녀를 이해하는 것은 그녀의 모습이 바로 나의 모습이기 때문이다. 에스 유형들은 머리가 좋은 편이고 아이디어가 많아서 남들보다 자신의 방법이 더 효율적이라는 생각을 한다. 내가 나의 방법이 더 효율적이라고 생각하듯이 그녀도 나처럼 자신의 방법이 더 효율적이라고 생각했을 것이다.

논리적이며 신중한 타입이지만 자유를 갈망하는 속마음 때문에 누군가의 구속이 아닌 독립적이고 자율적으로 일하기를 좋아하는 사람이 많다. 그녀의 유형을 이미 파악하고 있었기에 조금씩 양보하고 협력할 수 있었다. 상대방의 유형을 파악하기 위해서는 그가 어떻게 말하고 행동하는지 관찰해보면 알 수 있다. 주의 깊게 살펴보면 많은 부분에서 유형을 알 수 있는 정보가 나온다. 활동적인가? 조용한가? 급한가? 침착한가? 단호한가? 신중한가? 이런 것들을 조합해보면 어떤 유형인지 파악이 가능하다.

너무 세세한 것에 관심이 많은 사람들은 숲이 아닌 나무를 보는 사람들이다. 더 자세하거나 더 강렬하게 하나하나 느낄 수는 있어도 큰 그림을 보지 못한다. 작은 것에 얽매여 있기 때문이다. 생각도 마찬가지다. 생각이 많은 사람들은 생각에서 자유롭지 못하다. 생각에 묻혀 너무 세세하게 생각하다 보면 실행이 늦어진다. 생각 밖으로 걸어 나와 숲을 보아야 실행이 빨라진다.

에스 유형들은 생각이 많다. 나 역시도 내일도 있는데 왜 하루에 그렇게 많은 생각을 하는지 아직도 모르겠다.

여기까지 개별 유형에 대해 알아보았다. 특별난 사람들의 이야기가 아니라 실망했을지 모른다. 그렇지만 우리 주변에서 쉽게 볼 수 있다. 주변에 나를 힘들게 하는 누군가가 있다면 한 번쯤 도형을 그려 보게 하는 건 어떨까. 상대방의 타고난 기질을 안다면 보다 쉽게 문제가 해결될 수 있으니까.

사람은 누구나 세상을 보는 창, 프레임을 가지고 있다. 타고난 성향과 경험으로 만들어진 이 틀이 완전 반대라면 아마도 둘은 자주 충돌을 할 것이다. 이번에는 정반대 기질을 가지고 있는 경우 서로에게 어떻게 반응하는지 다음 사례를 통해서 알아보자.

정반대, 기질.

●
▲
S

동그라미 유형의 딸과 에스 유형의 엄마

동그라미 유형인 딸은 우뇌를 많이 쓰고 있는 풍부한 감성을 가지고 있다. 그래서 분위기에 따라 좌우가 잘되고 환경에 많이 이끌리는 편이다. 엄마 역시 감성이 많지만 복잡하게 생각하기 싫어하는 예리와 달리 생각이 많고 신중하다.

오늘도 딸 예리는 엄마와 다투고 나서 무거운 발걸음으로 학교를 향했다. 1학기를 마친 다음 학교에 휴학계를 내고 해외 어학연수 겸 배낭여행을 다녀오겠다고 했다가 아침에 한바탕 소란이 있었기 때문이다.

"납득이 안 되니까 구체적으로 설명해 봐. 왜 갑자기 휴학계를 내고 어학연수를 다녀와야 하는지 말이야."

"학교 졸업하기 전에 다양한 경험을 해보고 싶어서 그래요. 졸업하고 나면 평생 직장 생활을 해야 되니까요."

"얼마 안 있으면 졸업인데 취업준비 할 생각을 해야지. 다들 취업이 안 돼서 난리인데 한가하게 연수다 여행이다 할 때가 아니야. 졸업하고 가든가 그래도 정 가고 싶으면 학비도 네가 벌어서 해."

"알았어요. 제 힘으로 벌어서 갈게요."

"어쩌면 넌 그렇게 네 마음대로니? 세상살이가 그렇게 쉬운 줄 아니? 얼마나 험한 세상인데 겁도 없이 가겠다는 거야. 앞으로 어떻게 살아갈 건지 계획은 세웠어?"

엄마는 뜬금없이 휴학계를 내겠다는 딸을 도저히 이해할 수가 없었다. 너무 즉흥적으로 결정하는 딸이 철없게 느껴져 걱정이 앞섰다. 급기야 학비를 스스로 벌어서 해결하라고 협박도 해보았지만 소용이 없었다. 엄마는 하나를 하더라도 꼼꼼히 따져보고 신중하게 시작하는 사람이다. 도형에서 에스 유형의 성향으로 세

부적인 것까지 분석하고 시도한다. 하지만 예리는 호기심이 많고 열정이 많은 동그라미 유형으로 어디로 튈지 모르는 탁구공 같아 하고 싶은 게 있으면 즉시 시도해봐야 직성이 풀렸다. 계획을 세워서 하나하나 하는 건 답답하고 지루했다. 직관적으로 하는 걸 좋아했다. 예리는 엄마가 너무 틀에 박힌 생각을 한다고 여겼다. 일거수일투족을 체크하는 엄격한 엄마가 너무 힘들었다.

"엄마는 너무 걱정이 많아요. 세상에 다 나쁜 일들만 벌어지는 줄 아시나 봐요. 질서가 깨지는 걸 엄마는 아주 싫어하시죠. 살다 보면 그럴 수도 있는데 엄마가 너무 철저하신 거 같아 때로 너무 힘들어요."

예리는 요즘 들어 더욱 예민해진 엄마가 혹시 갱년기 우울증을 겪는 것은 아닐까하는 생각과 엄마의 성격에 문제가 있다는 생각이 든다고 말했다. 나는 엄마가 살아온 생애를 전부 본 것이 아니라면 한 단면만으로 엄마를 판단하는 것은 옳지 않으며 전부 이해하지는 못하더라도 엄마의 생각도 존중해야 한다고 말했다. 엄마는 어린 시절 가난했기 때문에 열심히 살지 않으면 안 됐다. 스스로 자신을 지켜야 했고 세상과 싸워 이겨야했다. 그래서 더욱 철저한 사람이 되었던 것이다.

이야기에서 보듯 둘은 정반대 기질이다. 기질이 너무 달라서 사사건건 부딪혔다. 이렇게 정반대의 기질일 경우에는 서로의 유형에 대해서 미리 알고 있었더라면 조금 더 이해하기 편했을 것이다. 유형의 차이로 생각하는 방식과 추구하는 가치가 당연히 다를 수밖에 없다.

에스 유형의 엄마는 매우 신중하고 자기관리가 철저하며 완벽하지만 동그라미 유형인 예리는 천성적으로 밝으면서 일관성이 적다. 상호작용에서 도움이 되려면 엄마가 딸의 열정에 마음을 열고 공감해주는 것이 필요하다. 딸의 관심은 늘 새로운 것에 초점이 맞춰져 있어서 다양한 세상을 경험해보고 싶어 한다. 딸의 열정을 인정하면서 부족한 계획성을 보완할 수 있도록 지도해주는 것이 좋다. 딸은 전체적이고 구체적인 계획을 세워 엄마와 상의해야 설득의 가능성을 높인다. 불확실하고 체계적이지 못한 계획으로는 엄마의 허락을 받아내지 못한다.

성향이 반대인 사람들은 서로의 장단점을 거꾸로 가지고 있다. 우울 성향이 많고 빈틈이 별로 없는 에스 성향의 사람들은 본능적으로 밝고 융통성이 많은 동그라미 유형을 필요로 하고 그들에게서 긍정을 배울 수 있다. 일관성이 부족하고 즉흥적인 동그라미 유형의 사람들은 체계적이고 신중한 에스 유형의 사람들이 필요하다. 상대방의 단점을 나의 장점으로 채우고 나의 단점을 상대방의 장점으로 채운다면 정반대의 성향이 오히려 서로에게 큰 도움이 되는 경우도 많다.

세모 유형의 남편과 네모 유형의 아내

세모 유형과 네모 유형도 상반된 기질을 갖고 있는 경우이다. 동그라미와 에스 유형처럼 감정의 기복이 심하지 않고 좌뇌를 많이 사용하는 유형이다.

이들은 결혼해서 30년 넘게 함께 살아온 부부다. 긴 세월 동안 인생의 고락을 함께 나누며 살아왔기에 이제는 눈빛만 봐도 서로의 생각이나 기분을 알 수 있을 것 같지만 아직도 이해하지 못하는 부분이 많다.

장손에게 시집와 집안의 대소사를 일 년이면 몇 번이고 치러야 했던 아내는 자식 다섯을 키우면서 하루도 맘 편히 쉬어본 적이 없다. 남편의 성격이 불같고 급해서 비위를 거슬리지 않기 위해 말도 제대로 못하고 살았다. 아내는 남편의 성격이 불만이었다.

남편 또한 자기주장을 할 줄 모르고 순종적이기만 한 아내가 답답하기는 마찬가지였다. 일일이 일러주는 것만 하고 앞장서서 하는 법이 없었다. 하다못해 함께 외출을 나가도 자신보다 앞서서 걷질 않았다. 다른 집은 아내가 재테크다 워킹맘이다 하며 집안 경제 살림에 보탬이 되는 사람도 많다는데 자기 아내는 집안에만 있으려 하면서 큰 변화를 거부하고 수동적으로만 사는 게 답답했다.

"저 사람은 곰이야, 뭐 하나 자기가 알아서 하는 게 없어."

"그것도 몰라?"

"그것밖에 못해?"

이 말은 아내가 살아오면서 남편에게 자주 들었던 말이다. 순하고 착한 아내도 그런 말을 들을 때면 속으로 부아가 치밀어 오르곤 했다. 하지만 가정의 평화를 지키기 위해 묵묵히 견디었다. 장손에게 시집와 아무리 손발이 부르트도록 일해도 위로는커녕 인정받지 못하는 설움에 남몰래 눈물도 많이 지었다. 남편과 대화의 시간을 만들어 한 번 진지하게 얘기해보라고 하자 아내는 소용없다는 듯 이렇게 말했다.

"내가 이렇게 아프고 힘들어도 저 양반은 몰라요. 얼마나 고집이 센지 내가 한 마디라도 대꾸하면 불호령이 떨어져요. 애들도 지 아버지 앞에서 꼼짝도 못하는 걸요"

남편은 조실부모하고 자수성가한 사람으로 책임감이 강한 사람이었다. 더군다나 장손이라는 그의 위치는 그의 역할에 대한 의무를 강조했다. 내가 부부의 집을 찾았을 때 그날도 집안의 일로 남편이 화를 내고 있었다.

"일전에 왜 내가 말한 것 해놓지 않았어? 꼭 두 번 말해야 알아 듣는 거야?"

"오늘 하려고 했는데 어쩌나."

"느려 터져서, 빨리빨리 좀 해."

"네 알았어요. 있다 금방 할게요."

욕심이 없고 느긋한 아내는 쉽게 화를 내는 남편을 그저 맞춰주기만 했다. 별 탈 없이 집안이 평화롭게 흘러간다면 그것으로 족했다. 화가 나면 거리낌 없이 화를 내는 남편, 끊임없이 맞춰주기만 하는 아내. 그런 일상들이 30년 동안 반복해온 듯싶었다. 이 부부는 강한 세모 유형과 부드러운 네모 유형이 결합되어 많은 순간에 특성이 부정적으로 표출된 형태이다.

그날 나는 부부를 상담했다. 남편과 아내에게 본인의 성향과 상대방의 성향을 설명해주고 어떻게 대해야 하는지 말했다. 그러면서 상대방의 단점보다는 장점을 더 많이 보고 상대방이 무엇을 원하는지 생각해보라고 했다. 남편은 나에게 자신은 필요 없다며 이미 다 알고 있다고 말했다. 오랜 설득 끝에 남편은 조금씩 귀를 기울였다.

"아내 분에게 좀 더 부드럽게 대해 주는 게 필요해요. 남편께서 성질을 내면 무서워서 아무 말도 못하겠대요. 워낙 천성이 곱고 온화하셔서 큰 소리에 불안해하세요. 묵묵히 가족을 위해 헌신해

사례로 풀어 본 도형의 유형과 기질

오셨는데 고맙지 않으세요?."

"남편은 아내가 너무 낙천적이고 수동적이라 그게 좀 답답하셨나 봐요. 얘기할 때는 요점만 먼저 말하시고 힘들어도 내 의견을 정확히 밝혀야 해요. 아마 처음에는 받아들이지 않으시겠지만 나중에는 그것이 서로에게 도움이 될 거예요."

시간이 지나면 그 부부에게도 변화가 올 것이다. 이제껏 살아온 습관이 몸에 배어서 노력하는 게 쉽지 않겠지만 약간의 변화가 오더라도 부부는 크게 느낄 것이다. 세모 유형은 거친 면이 있다. 늘 분주하고 부정적인 그들에게 부드럽고 긍정적인 네모는 안식처와 같은 존재이다.

숨 가쁜 세모 유형에게는 느긋하고 평화로운 네모 유형이 필요하다. 자기주장이 약하고 동기부여가 적은 네모 유형은 소신이 확실하고 목표지향적인 세모 유형이 필요하다. 톱니바퀴가 돌아가려면 톱니가 맞물려야 한다. 나를 열어 상대방을 받아들이고 내가 상대방 안으로 들어가야 맞물리면서 돌아갈 수가 있다. 그것이 바로 삶이다.

한쪽이 일방적으로 참는다 해서 참고만 산다면 상대방은 알지 못한다. 그렇다고 분란을 일으키기 싫다고 말하지 않으면 곪아터진다. 분란을 일으키지 않으면서 해결하고 싶다면 근본적인 원인을 찾는 방법으로 상담을 선택하면 어떨까. 내가 상담을 좋아하는 이유도 여기 있다. 눈에 보이는 것만 치료해 주는 게 아니라

보다 근본적인 문제를 해결해 주니 말이다.

"사냥을 가기 전 1번 기도하고, 전쟁을 나가기 전 2번 기도하고, 결혼하기 전 3번 기도하라"는 러시아 속담이다. 그만큼 결혼은 개인에게 전쟁보다 중요한 문제다. 종종 상상하곤 한다. 누구랑 연애를 시작할 때 도형을 그려 보면 어떨까. 서로가 도와주는 도형이 만나면 함께 성장하고 함께 행복할 수 있기 때문이다.

상호보완적인 기질.

●
▲
S

동그라미 유형과 네모 유형의 만남

이 두 유형은 관계중심형이라는 유사점이 있어 서로 잘 어울린다.
외향과 내향이지만 조화가 매끄럽다. 독서모임을 갖는 분들 중에
김여사님이라고 계신다. 김여사님은 언제나 상냥한 미소를 머금
고 있는 50대 중년 여성이다.

그녀는 그림 그리기를 좋아하고 악기를 연주하며 합창단원으로 활약하는 예술적인 끼가 충만한 분이다. 그녀의 밝은 웃음은 사람을 늘 기분 좋게 만드는 마력이 있다. 또 한 사람 50대 초반의 남성인 Y가 있는데 30년 넘게 공무원 생활을 하다 몸이 아파 조기퇴직하였다. 평소 말이 별로 없고 다른 사람의 말을 잘 들어주는 듬직한 분이다. 한 달에 한 번씩 모임을 가지면서 사람들 속에서 우리 세 사람은 유독 친하게 지냈다. 나이는 각자 달랐지만 느낌이 맞았고 말도 잘 통했다. 나는 김여사님을 행복전도사라 불렀고 Y를 든든한 지원군인 수호천사라고 불렀다.

어느 날 자신의 소망에 대해 진솔한 이야기를 나누는 시간이 있었다. 먼저 김여사님은 묵혀 있는 자신의 집 넓은 지하실을 멋진 갤러리로 만들어 미니 콘서트와 전시회 등을 열고 싶다고 했다. 누구든 편안히 쉴 수 있는 공간으로 재탄생시켜 사람들이 아무 때나 와서 이야기하고 차를 마실 수 있도록 하겠다고 했다.

"아지트라 생각하고 언제든 오세요. 나는 사람이 북적대야 사는 맛이 나요. 음악도 듣고 차도 마시고 맘껏 이야기보따리도 풀자구요."(그녀는 6개월 후 남편의 허락을 얻어 진짜 그녀의 집 지하를 멋진 갤러리로 만들었다. 사람을 좋아하는 동그라미 유형답게 그녀는 갤러리를 필요한 사람에게 무료 개방하였다.)

Y의 차례가 되자 잠시 웃기만 하더니 이렇게 말했다.

"전 더 편해질 겁니다. 퇴직하고 나서 몸은 편해졌지만 마음도 진정으로 편해지고 싶어요. 사람들 속에 있어도 편했으면 좋겠습니다.”

나는 무언가 의미를 담고 있는 그의 말을 들으며 그동안 살아오면서 겪었을 남모를 이야기들을 혼자 상상해 보았다. Y는 내성성이 강했다. 30년 동안 한 직장에서만 일했으며 술도 담배도 안 했다. 일정한 테두리 안에서 아는 사람들 위주로 만남을 해왔고 많은 사람을 사귀지 않았다. 주말마다 맞벌이 하는 아내와 둘이 여행을 다니는 것이 유일한 취미였다. 아직 동료나 친구들은 직장에 몸담고 있는 사람이 많았고 평일에는 만날 사람이 없어 혼자였다. 사람을 좋아하지만 선뜻 새로운 사람을 사귀는 게 두려웠다. 그러다가 지인의 소개로 용기를 내어 우리 모임에 나오게 되었던 것이다.

나는 두 사람에게 도형을 그려 보라고 했다. 재미있게도 김여사님은 커다란 동그라미를 Y는 네모를 그렸다. 성향 뿐만 아니라 내면의 심리를 도형으로 풀어주자 두 사람은 신기하다고 입을 모았다.

동그라미와 네모는 인간적이며 긍정적이라는 공통점이 있다. 외향과 내향이라는 차이만 있을 뿐 통하는 부분이 많다. 동그라미는 침체된 사람을 활기 있게 만들어주는 정열이 있으며 네모는 느긋하고 부드러워 이 둘이 만나면 행복하게 지낼 가능성이 높다. 이상적인 조합이라 할 수 있다. 유사한 점이 많아 서로에게 많이 끌린다.

세모 유형과 에스 유형의 만남

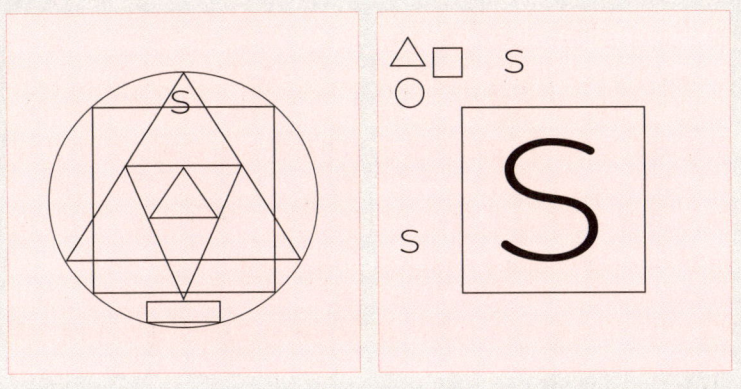

"선생님, 괜찮으시면 저녁에 잠깐 저희 숍에 좀 와주세요. 상의할 게 있어요."

며칠 전 단골 미용실 원장으로부터 전화가 걸려 왔다. 퇴근길에 미용실에 들렀더니 보자마자 한숨을 푹 쉬며 그간 있었던 일을 털어 놓았다. 아직 솔로인 원장은 예약제 손님을 받으며 홀로 숍을 운영하고 있다. 바쁜 주말에는 간단한 심부름이나 보조를 하는 아르바이트생 P를 쓰는데 그는 고3 학생이었다.

P는 부모가 일찍 이혼하는 바람에 엄마랑 둘이 살다가 엄마가 다시 재혼하는 과정에서 혼자 자취를 하는 학생이었다. 미용실로 몇 번 머리를 깎으러 왔다가 친해지자 자신의 이야기를 한 것이다. 원장은 졸업 후 취업을 해야 한다는 P에게 주말마다 와서 일도 돕고 어깨 넘어 기술을 배우는 게 어떻겠냐고 했다. 졸업한 후에는 학원에 다니며 자격증을 따서 자신의 미용실에 와서 정식으

로 일해도 좋다고 했다. 평소 헤어에 관심이 있었던 P는 원장을 형이라고 부르면서 잘 따랐다.

원장은 자신의 힘들었던 과거를 떠올리며 P를 돕고 싶어 많은 것을 가르쳐주었다. 조만간 숍을 확장하여 이전할 계획도 있고 몇 년 안에 외국으로 나가 자신의 미용기술을 선보일 꿈도 가지고 있던 원장은 P에게 희망을 심어주려고 애를 썼다.

그런데 두세 달이 흐른 어느 날부터 P는 조금씩 삐딱한 태도를 보이더니 아무 연락도 없이 나오질 않았다. 겨우 연락이 닿아 이유를 물어보니 미용일이 흥미가 없어져서라고 했다. 말하는 어투가 흥미가 없어서가 아니었다. 솔직하게 말해 보라고 종용하자 원장의 말투가 너무 기분이 나쁘고 자기를 몰라주는 것 같아 서운해서라고 말했다.

원장은 뒤통수를 한방 얻어맞은 기분이었다. 자기 잘되라고 일도 가르쳐주고 세상 사는 법도 가르쳐주었는데 생각지도 못한 이유였다. 동생이라 여기고 때로는 따끔하게 때로는 따뜻하게 감쌌는데 도대체 무엇이 잘못 되었는지 알 수가 없었다. 원장도 P에게 섭섭한 마음이 들어 P를 상담해줄 것을 요청한 것이다.

나는 먼저 원장에게 도형을 그려 보게 하였다. 세모 유형이 나왔다. 그냥 보기에도 원장은 매우 세모 유형적인 특성을 지니고 있다. 표정은 늘 정확하고 어조도 강했으며 목표의식이 뚜렷했다. 미리 전화를 했는지 얼마 후 미용실로 들어서는 P는 아주 곱

상한 얼굴로 심각한 표정을 짓고 있었다. 원장과는 사뭇 대조적인 이미지였다. 나를 소개한 후 그림을 그려 보게 하였다. P는 에스 유형으로 나왔다.

우리는 자리를 옮겨 내실 테이블에 앉아 이야기를 시작했다. 목소리는 작았지만 또박또박 조리 있게 말을 잘했다. 현재 심리 상태를 보니 굉장히 불안하고 예민해져 있었다. 자신의 어린 시절 이야기부터 원장과 있었던 일까지 차분하게 이야기했다.

P는 부모의 사랑을 받지 못하고 자랐다. 애정결핍은 누군가 자신을 또 떠나갈까 봐 불안심리로 작용했다. 또 불안은 사람들을 잘 믿지 못하게 만들었다. 원장도 자기에게 잘해주는 것 같지만 큰 소리로 자신을 나무라거나 훈계를 하면 원장도 결국 자기편이 아니라는 생각이 든다고 했다. 자신의 이야기를 듣기보다 원장은 자신의 말만 하면서 자기 맘을 몰라주는 것 같아 상처를 받았던 것이다. P는 눈물을 보이면서 또 상처받는 게 두렵다고 했다.

P의 경우는 상처나 우울에 취약한 에스 성향에 트라우마까지 겹쳤다. 반면 원장은 시련을 잘 이겨내는 저력을 가진 사람으로 미래에 확신을 갖고 도전하는 사람이다. 에둘러 말하지 못하고 직선적으로 말하는 성격으로 P를 좀 더 강하게 변화시키고 싶은 욕구의 차이에서 생긴 일이었다.

나는 두 사람에게 서로의 유형에 대해 설명해주었다. 서로 자신의 유형에 갇혀 오해와 갈등이 생긴 것이라고 말해주었다. 원장은 P의 유형을 고려하지 않고 자신의 방식으로만 대했기 때문에 자신의 의도와는 달리 상처만 주었음을 깨달았다. 강압적이고 지시적인 말투가 자신을 비난하는 것처럼 들려 마음이 닫힌 P도 원장의 진심을 듣고 다시 마음을 열었다.

다행히 필름을 되돌려 다시보기를 한 후 서로의 마음과 의도를 알았고 오해를 풀었다. P는 다시 한 번 열심히 해보겠다고 말하며 쑥스럽게 웃었다. 세모의 추진력과 에스의 완벽함이 결합되어 이들이 함께 목표를 향해 나아간다면 훌륭하게 잘해 낼 것이다.

끌리는 도형이 인생의 답이다

비슷한 기질.

●
▲
S

동그라미 유형과 세모 유형의 만남

동그라미와 세모 유형은 외향적인 사람들로 이들의 만남은 활기
가 있다. 여기에서 소개하는 동그라미 유형 A와 세모 유형 B도
마찬가지다. 두 사람은 같은 직장에서 마케팅 업무를 맡고 있
다. 이들은 솔직한 성격이 잘 맞아서 시원시원하게 일처리를 잘

했다. A는 붙임성이 좋고 B는 추진력이 좋아 함께하면서 일을 많이 성사시켰다.

처음 A와 B가 파트너가 되었을 때 A가 먼저 스스럼없이 다가와 말을 걸었고 친근감을 표시했다. 조금 친해지자 공과 사가 분명한 B는 곧잘 공적인 일을 사적으로 만들어 버리는 A가 이해가 안 됐다. 자신을 너무 편하게 생각하는 것 같아 몇 번 주의를 주었다. 하지만 시간이 조금 지나면 그 사실을 까맣게 잊는 듯했다.

"처음에는 제가 피했어요. 말이 너무 많고 좀 산만한 거 같아 피곤했거든요. 그래도 저 보다 긍정적인 것 같아 나중에는 좋아지더라고요."

세모 유형의 B가 A에게 대해 이렇게 말하며 웃음을 터트렸다. 이 둘의 공통점은 집안에만 있지 못한다는 것이다. 집안에만 있으면 우울하고 답답했다. 타고난 활동가들이다. 둘이 외향적이고 활동가라는 공통점도 있지만 차이점도 역시 있다. A는 현재에 포커스가 맞춰져 있어서 순간을 즐기고 즉흥적으로 일을 처리하는 경우가 많았다. 하나를 끝마치기도 전에 또 다른 것을 시작하고 동시다발적으로 여러 가지 일을 했다. 하지만 B는 현재보다 미래에 포커스가 맞춰져 있다. 목적이 분명하여 계획을 많이 세우고 하나씩 추진하는 것이 달랐다. B는 A가 너무 사람이 좋아 인간적으로만 나가려 할 때 잡아주는 역할을 했다. 너무 인간적이어서 단호함이 필요한 자리에서는 자신이 대신 결정해줄 때도

있었다. 간혹 의견이 대립될 때 관계지향적인 A가 주로 양보하고
B의 의견이 수렴되었다.

"그래요? 그럼 이렇게 할까요?"

A는 B의 의견을 잘 수용했다. 유형의 차이는 항상 잠재적인 갈
등요인을 내재하고 있다. 하지만 이들처럼 각자의 유형을 강력하
게만 사용하지 않는다면 둘은 좋은 파트너가 될 수 있다. 세모 유
형이 동그라미 유형의 인간적인 면을 공감하고 동그라미 유형은
세모 유형의 성취지향적인 면을 인정한다면 큰 갈등 없이 지낼 수
있다. 둘 다 성격이 다소 급한 편이어서 의견조율도 빠르다. 둘의
조합은 활동으로 가득한 멋진 조화를 이룬다.

네모 유형과 에스 유형의 만남

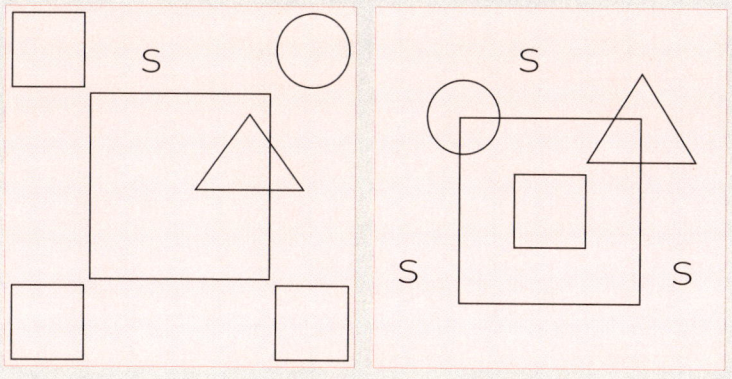

보통 내향적이라고 하면 부끄럼이 많고 소심한 사람일거라고 생
각하는 경향이 있다. 성격이 활달하지 않을 뿐 내향적인 사람들이

다 소심한 것은 아니다. 다만 감정을 밖으로 많이 표출하지 않다 보니 소심하게 비쳐질 뿐이다. 내성성이 강한 사람 중에 부정적인 사람이 많은 건 사실이다. 나쁜 사람이라는 것이 아니라 부정적인 측면을 더 많이 본다는 뜻이다. 내향적인 사람들은 관심을 밖에다 두지 않고 내면에 두는 사람이 많아 혼자 있거나 여러 명이 있는 자리가 편하다. 사람이 많은 곳에 가면 쉽게 지친다. 그래서 내향적인 사람들은 비슷한 사람끼리 있을 때 더 편해한다.

연인인 경수와 선영이도 내향적인 성향이다. 둘 다 조용한 성격이어서 함께 있어도 말을 많이 하지 않는다. 남들이 보면 이들이 너무 조용해서 이러다가 의사소통이 단절되는 게 아닐까 할 정도로 말이 없을 때도 있다. 각자의 생각에 빠져 있어도 불평하지 않는다. 선영은 네모 유형의 경수가 듬직했다. 말 많은 사람을 아주 싫어했기 때문에 말없이 자신을 지지해주는 경수가 좋았다. 테이트는 주로 한적한 야외에 나가 산책하거나 차 속에서 드라이브를 즐긴다.

어느 날 드라이브를 하다가 선영이 물었다.

"경수 씨는 꿈이 뭐야?"

"난 말이지, 여우같은 아내에 토끼 같은 자식 낳고 오순도순 사는 게 꿈이야."

"아유, 그런 것 말고, 목표가 뭐냐니깐?"

"그게 내 꿈이야. 사랑하는 사람이랑 행복하게 살고 싶은 게 꿈이란 게 이상해?"

"아니, 내 말은…"

결국 선영은 더 말하려다 말고 포기한다. 남자라면 위대한 야망을 가지고 도전적으로 살고 싶을 텐데 경수의 대답에 약간은 실망스런 마음이 들었다. 야망이 없고 너무 평범해서 편하게 느껴지는 게 아닌가 하는 생각도 살짝 스쳤다. 열정적이지 못하면 동기부여가 잘 안 되고 현실에 안주하려는 경향을 보인다. 그 후로 두 번 정도 똑같은 질문을 해봐도 역시 대답은 같았다. 경수는 현실안주형이었다. 혁신적인 변화를 싫어하고 익숙함을 좋아하는 관습형의 사람이었던 것이다.

전형적인 네모 유형은 편안한 현 상태를 유지하고 싶어 한다. 네모 유형에 천천히 흐르는 물처럼 평화롭고 느긋한 사람이 많다. 이들은 원대한 꿈을 품은 사람처럼 도전적이거나 모험을 즐기지 않는다. 자신의 속마음을 잘 말하지 않고 남들이 원하는 대로 따라 주는 무한긍정의 사람들로 말없이 행동으로 보여준다. 그러고 보니 아직도 한 번도 사랑한다는 말을 들어본 적이 없다. 선영은 자꾸 생각이 복잡해진다. 그래서 용기 내어 한 번 물어보기로 한다.

"나를 사랑해?"

"그럼, 사랑하지, 그걸 꼭 말로 해야 알아?"

그러면서 자신의 표정이나 행동을 보면 모르겠냐는 얼굴로 선영을 빤히 쳐다본다. 알긴 하지만 그래도 선영은 그 말이 꼭 한 번 듣고 싶었다. 너무 표현을 안 하는 경수가 서운한 적도 있었다. 선영은 에스 유형의 사람이다. 신중하지만 감성이 많아서 쉽게 예민해진다. 별거 아닌 것에 상처받고 혼자 힘들어 한 적도 많다. 완벽하며 도도해 보이는 태도 밑바닥에는 인정받고 사랑받고 싶은 마음이 간절하다. 하지만 쉽게 들떠서 흥분하지 않는 경수는 담담하게 사랑을 이어나가길 원한다. 톡 쏘는 사이다가 당장은 시원한 것 같지만 물이 사실은 갈증을 더 풀어주는 것처럼 말이다. 선영은 기대를 다 만족시켜주지 않지만 같이 있으면 늘 편하고 한결같은 경수가 믿음직스러웠다.

나는 이들의 사랑 이야기를 들으며 응원해주고 싶었다. 선영은 현명한 사람이었다. 서로의 차이를 받아들이고 행동을 강요하지 않았다. 너무 조용한 사람들은 활달한 사람들과 함께 있을 때 존재감이 떨어지기도 한다. 하지만 사랑만큼은 요즘 같이 튀는 사랑에 쉽게 상처를 주고받는 것을 본다면 너무 아름답다는 생각이 들었다. 내향적인 결합이라 말이 없으면 자칫 의사소통이 단절될 수도 있다. 하지만 모든 소통이 언어로만 이루어지는 것이 아니기에 서로에게 관심을 멈추지 않는다면 이 커플은 오래도록 아름다울 것이다.

다음 3가지는 정신적 병리가 있는 군 부적응 사병과 사회 부적응 직장인을 상담했던 사례이다.

　군에 적응을 하지 못하는 사병의 그림이다. 작은 네모 안에 모든 것이 들어가 있다. 이런 형태의 그림은 대인 관계, 미래, 공동체, 자아 등 모든 부분에서 답답함과 우울감을 느끼고 있다고 본다.

　이 사병 역시 내재되어 있는 심리가 아주 힘든 상태로 우울증이 다소 진행된 상태이다. 아직도 마음을 못 열고 있으며 무기력감으로 모든 걸 포기하려고 하고 있다. 이 사병의 경우는 억눌려 있는 내적감정을 표출하고 마음을 오픈하는 것이 중요하다.

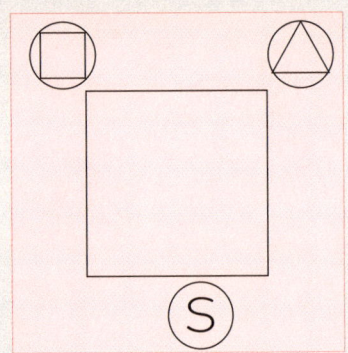

끌리는 도형이 인생의 답이다

　　이 그림은 대인기피 도형이다. 모든 것이 다 사람의 영향을 받고 있다. 학교도 학업도 자아도 사람의 영향을 받음으로써 달아나려 하고 있다.

　　이 학생은 대학 1학기만 다니고 휴학한 상태다. 하루 종일 집안에만 있으며 하루의 일과는 컴퓨터 게임이 전부다. 사람을 만나려고 하지 않아 겨우 만나 상담한 케이스다. 이런 형태로 그려진 그림은 사람 관계에 위축되고 두려움을 갖고 있다고 해석한다.

조울증 사례
35세 여성, 직장인

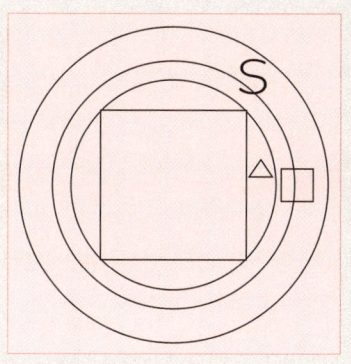

아주 가끔 침울하긴 해도 원래 활달하고 열정이 많은 사람이었다. 하지만 남편과의 오랜 불화로 마음에 상처를 많이 입었다. 마음의 상처는 더 오래전에도 있었다. 자랄 때 부친이 알콜 중독으로 힘든 일을 많이 겪었다. 어린 시절 원 가족과의 상처는 이제 치유되었다고 말하지만 기피하고 있는 것으로 판단된다. 지금은 조울증 약을 복용 중이다. 이런 형태의 그림은 조울증으로 해석한다.

사람은 누구나 감정의 기복이 있다. 좋았다 나빴다를 반복하면서 살아가는 법이다. 하지만 기복이 너무 심하면 조울증일 가능성이 크다. 회복이 더디고 평생가기도 한다.

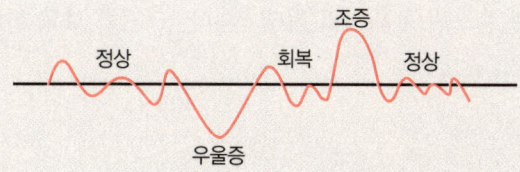

도형심리,
분석 기법.

●

▲

S

끌리는 도형이 인생의 답이다

만약 당신이 책장을 덮지 않고 여기까지 읽었다면 도형심리가 어떻게 해석이 되는지 궁금할 것이다. 여기서는 도형해석을 위한 몇 가지 이론을 소개할까 한다.

수학문제 풀이에 공식이 필요하듯이 도형해석에도 일종의 공식이 있다. 도형을 심층적으로 해석하기 위해 여러 가지 모형이 뜻하는 의미를 알아야 한다. 도형이 그려지는 패턴은 아주 다양하다. 여기서는 기본적인 것만 소개한다.

도형심리상담을 위해서 도형검사지를 사용한다. 규격화된 검사지를 제공하고 선호 도형과 나머지를 마음대로 그리도록 지시한다. 해석은 그림의 위치와 형태, 순서, 크기를 보고 한다.

분석 기법

공간의 사용

도형이 검사지의 어느 위치에 그려졌는지 살펴본다. 하단으로 내려 갈수록 침체된 상태를 짐작할 수 있으며 하단 양쪽 모서리에 그리는 경우 병리적인 상태에 있을 수 있다. 상단이라 해도 왼쪽 모서리에 아주 작게 그리는 경우 위축이나 두려움, 불안 등을 엿볼 수 있다.

형태의 일탈

도형이 거칠게 그려져 있거나 끝이 마무리되지 않은 그림은 도형이 의미하는 것에 대한 스트레스나 어려움이 있는 것으로 추측한다. 덜 닫혀 있는 도형이 동그라미이면 대인관계의 어려움을, 세모이면 과업이나 자신감을, 네모이면 공동체 문제나 물질 또는 학습 문제를, 에스이면 건강이나 애정, 영성에 관련된 문제를 생각해 볼 수 있다. 곡선의 진폭을 너무 작게 그릴 때는 우울감이 있을 수 있다.

배열 순서

오른손잡이를 기준으로 하면 보통 왼쪽에서 오른쪽으로, 위에서 아래로 글씨나 그림을 그린다. 그림을 배열하는 순서를 보고 이

규칙성에서 얼마나 벗어나는지 관찰해본다.

도형의 크기

도형의 크기에 따라 심리 상태를 가늠할 수 있는데 도형의 크기가 너무 작으면 소심하고 수동적임을 나타내고 너무 크면 자기중심적 경향으로 본다. 또한 도형의 크기가 아주 작으면 내적 불안 또는 두려움과 관련이 있고 그림이 매우 크면 부적절감이 있음을 추측해 볼 수 있다. 도형을 그리면서 크기가 점점 커지면 충동성과 역동성의 정도를 점점 작아지면 에너지 저하가 있을 수 있음을 나타낸다.

겹쳐져 그린 경우

도형을 겹쳐서 그리는 경우는 극상극하의 심리 상태를 나타내며 쉬운 일도 어렵게 풀어가는 경향이 있다. 결단력은 좋으나 끈기가 다소 부족하다.

도형의 덧칠

도형을 덧칠해서 그리거나 도구를 사용해서 그리는 경우 그 도형이 의미하는 것에 대한 강박이 있을 수 있다.

공간의 일탈

도형을 제시된 틀 밖으로 벗어나거나 검사지 밖으로 벗어날 정도로 크게 그리면 부정적이며 그 도형이 상징하는 것에 대한 열등감의 보상으로 볼 수 있다.

도형의 왜곡

캐릭터를 연상시키는 그림을 그리면 마음을 들키고 싶지 않음을 나타내고 추상적 그림을 덧붙여 그린 경우는 충동이나 불안의 정도를 가늠해 볼 수 있다.

도형심리는 미술심리와 마찬가지로 투사적 기법을 사용하고 있기 때문에 도형을 그리는 행동을 잘 관찰해야 한다. 용지를 돌려가며 그리는 경우는 자기중심성의 경향을, 그림 그리는 시간이 너무 길거나 그림을 그려놓고 다시 그릴 때는 계획능력의 부족과 자신감 결여로 볼 수 있다.

사례로 풀어본 도형의 유형과 기질

도형 유형의,
조합.

●
▲
S

"기질을 아는 것은 곧 나의 발견이요, 타인을 이해하는 과정이다."

기질을 알면 각자 자신의 기질에 맞는 삶의 방향을 찾을 수 있다. 더 나아가 타인을 이해하게 되어 좋은 관계로 발전할 수 있다. 도형의 네 가지 기질 유형은 한 사람 안에 모두 존재하면서 크기 순서에 따라 1차 유형, 2차 유형, 3차 유형, 4차 유형으로 나뉜다. 가장 특성이 강한 유형이 1차 유형이고 두 번째 강한 유형이 2차 유형, 그 다음이 3차, 마지막으로 4차 유형이 되는 것이다. 특성은 3차 4차로 갈수록 약해지고 거의 느끼지 못하는 경우도 있다.

1차 유형 - 타고난 기질

2차 유형 - 타고난 것과 후천적으로 만들어진 기질(성격)

3차 유형 - 2차 유형보다 약한 기질

4차 유형 - 3차 유형보다 열등한 기질

보통 1차 유형과 2차 유형을 많이 쓰며 3차와 4차는 많이 쓰지 않는다. 혼합된 1차 2차 유형을 파악하게 되면 자신뿐만 아니라 다른 사람을 판단하고 해석하는 게 쉬워지며 상황에 따른 행동방식을 알 수 있다. 1차와 2차가 너무 우세하면 3차와 4차는 열등하게 되는데 기질을 골고루 쓰기 위해서는 강한 기질을 눌러 열등한 기질이 살아나게 해야 한다.

앞에서 설명한 12가지 복합기질 중 하나를 예로 들어 보자.

1차와 2차 유형이 다혈담즙질인 유형이 있다고 치자. 이 사람은 동그라미 다혈질의 명랑하고 쾌활한 특성을 가지고 있으며 단도직입적이며 주도적인 세모 담즙질의 특성도 많이 사용한다. 1차 유형과 2차 유형의 비율의 차이가 클 수도 있고 작을 수도 있다. 만약 1차 유형이 도드라지게 많다면 다혈담즙질의 경우 쾌활한 다혈질의 특성을 아주 많이 보일 것이다.

혹은 그 이상의 유형이 근소한 차이로 내재되어 있어 사람을 파악하는 데 헷갈릴 수도 있다. 4개의 유형의 차이가 서로 근소하다면 그 사람이 어떤 상황에서 어떤 행동을 보일지 알기 힘들 것이다. 그러면 그 사람을 대처하는 것에 어려움과 혼돈을 느낀다. 그렇지 않다면 그 사람이 4가지 유형을 골고루 써서 어떤 상황이든 긍정적으로 만들어 버려 문제가 생기지 않도록 할지도 모른다. 사람은 여러 가지 유형이 섞인 복잡한 존재다. 사람을 한 가지 기질로 단정하면 부정확하다.

1차 유형과 2차 유형이 정반대이면 도형심리에서는 1차의 기질을 2차의 기질(성격)이 마스크 썼다하여 마스크 기질이라고 부른다. 때로는 3차까지 보았을 때 3차가 마스크가 되는 경우도 있다. 마스크는 사람이나 환경에 의해 강압적으로 습득한 기질을 말한다. 마스크 기질이 살아가는데 힘든 것은 상반된 두 유형이 많은 순간 대립하기 때문이다.

내재된 강한 유형을 누르고 밖으로 보여진 행동이 정반대로 나온다면 마음의 상처나 신체적 질병이 올 수 있다. 1차 유형과 2차 유형을 파악하는 게 중요한 이유가 여기에 있다. 마스크로 힘들어 하면 마스크를 쓰게 된 원인을 파악하고 숨겨진 기질을 찾게 해주는 게 중요하다. 물론 마스크 기질이라 해도 각 특성을 잘 조율하는 사람들도 많다. 오히려 그것을 더 긍정적으로 이끌어 시너지 효과를 내는 것이다. 도형을 통해 기질을 파악할 수 있고 내면의 심리도 알아볼 수 있다.

도형의 구분

	○ - 다혈질	△ - 담즙질	□ - 점액질	S - 우울질
욕 망	즐거움, 금전	성취, 성과	평화, 지식	공감, 신뢰
두려움	외로움	지배권 상실	큰 변화	무질서, 무원칙
포인트	who	what	how	why
특 성	명랑, 사교적	민첩, 능동적	침착, 협력적	민감, 구체적
발달 부위	가슴	입	손발	머리
유 형	정감형	기획형	실천형	사고형
강 점	친화성, 융통성	자신감, 생산성	안정성, 성실함	신중함, 우수성
약 점	비체계적, 즉흥적	자기주장 강함, 독선적	동기부여 약함, 방관적	예민함, 완벽주의
시 제	현실지향적	미래지향적	과거지향적	모든 시제
단 계	시작	진행	마무리	미룸
적 성	예능, 상담, 강연	사업, 경영, 통솔	교육, 상담, 사회복지, 중재자	예술, 성직, 연구, 발명
성격유형	외향적	외향적	내향적	내향적
속 도	빠름	빠름	느림	느림
패 턴	변화	도전	유지	질서
언 어	다양한 말	명령식 말	경청	논리적, 분명한 말

도형의 상징

동그라미 사람 관계, 환경, 돈

세 모 일, 과제, 목표(꿈), 자신감

네 모 공동체(가정, 학교, 직장, 모임, 단체 등), 지식

에 스 감정, 정서, 영성, 스트레스

4가지 도형의 조합과 특징

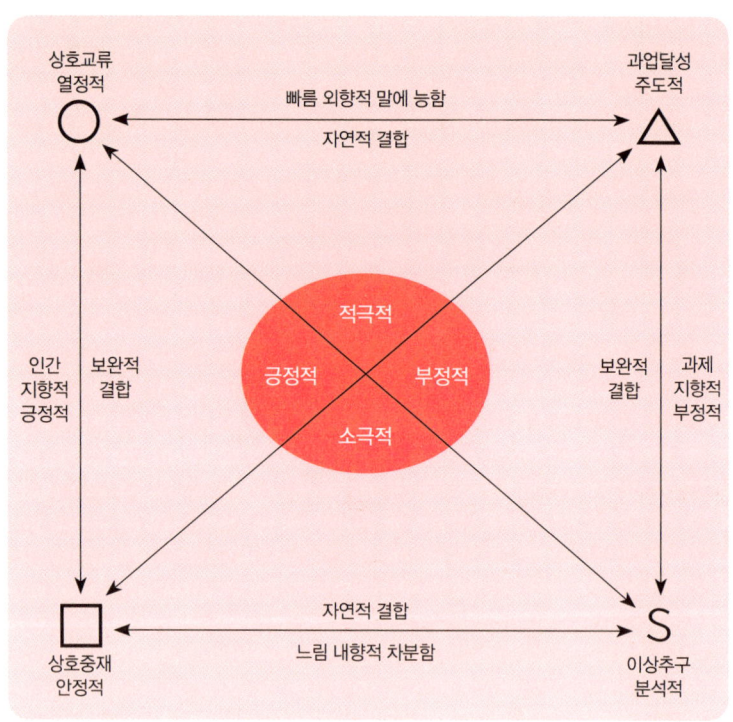

끌리는 도형이 인생의 답이다

도형심리검사지

성 명		성별 남·여	나이	세	직업(학교)	
좋아하는 색	1. 2.	그린 손			작성일	

그리는 방법

- ○△□S중 가장 마음에 드는 도형을 하나 고르세요.

- 마음에 든 도형을 아래 네모에 위치나 크기에 상관없이 3번을 그리세요.

- 나머지 도형은 자유롭게 1번씩 그리세요.

  총 6개의 도형이 그려지게 됩니다.